外语教学及研究论文集(2022)

刘 影 关 涛 刘明宇 主编

知识产权出版社
全国百佳图书出版单位
—北京—

图书在版编目（CIP）数据

外语教学及研究论文集. 2022/刘影，关涛，刘明宇主编. —北京：知识产权出版社，2021. 8

ISBN 978 - 7 - 5130 - 7668 - 5

Ⅰ. ①外… Ⅱ. ①刘… ②关… ③刘… Ⅲ. ①外语教学—教学研究—文集 Ⅳ. ①H09 - 53

中国版本图书馆 CIP 数据核字（2021）第 167429 号

内容提要

本书是一线外语教师撰写的论文集，从教育教学、翻译、语言学、文学、文化、社会、商务等方面探讨在外语教学这个特定的教学领域中教学规划者有着怎样的思考和见地，教师在教学实施中有着哪些创新和感悟，学生在各种语言技能的训练中如何得到有效的提高等问题。这些论文有专业的理论阐述，有教学的实践总结，有独具特色的视角，也有富于启发的尝试，其中还有不少是各级科研项目研究的阶段性成果。本书对外语教学与研究相关的内容进行了全面梳理，具有学术性、前沿性、引领性，可为外语教学与研究领域的学者，以及从事外语教学的教师和培训师提供参考和借鉴。

责任编辑：李小娟　　　　**责任印制**：孙婷婷

外语教学及研究论文集（2022）

WAIYU JIAOXUE JI YANJIU LUNWENJI（2022）

刘　影　关　涛　刘明宇　主编

出版发行：	知识产权出版社有限责任公司	**网　　址**：	http://www.ipph.cn
电　　话：	010 - 82004826		http://www.laichushu.com
社　　址：	北京市海淀区气象路 50 号院	**邮　　编**：	100081
责编电话：	010 - 82000860 转 8531	**责编邮箱**：	lixiaojuan@cnipr.com
发行电话：	010 - 82000860 转 8101	**发行传真**：	010 - 82000893
印　　刷：	北京中献拓方科技发展有限公司	**经　　销**：	各大网上书店、新华书店及相关专业书店
开　　本：	720mm × 1000mm　1/16	**印　　张**：	16.75
版　　次：	2021 年 8 月第 1 版	**印　　次**：	2021 年 8 月第 1 次印刷
字　　数：	276 千字	**定　　价**：	79.00 元

ISBN 978 - 7 - 5130 - 7668 - 5

目录 CONTENTS

教育教学类

英语专业教学中学生跨文化交际能力的培养

刘　影*

摘要： 如何培养与提升英语专业学生的跨文化交际能力，满足国家对专业人才的质量要求，是极具挑战的一项长期工程。英语专业教学中应注重对师资队伍的建设、学习资源的开拓、交际平台的构建、国外交流机会的创造及坚持不断地学习，以此减少语言因素、文化因素、专业知识和实践机会等方面对学生在跨文化交际能力培养中的影响。

关键词： 英语专业教学；跨文化交际能力；培养

跨文化交际能力是指个体在多种不同文化中，生存和进行自我发展的能力，强调其言行在特定文化和特定场合下的有效性和适当性，也是高校英语专业学生语言综合能力的一个直接体现。[1]

随着我国改革开放的深入和经济建设的进一步发展，我国在国际上的影响力日益增大，面临的压力和挑战也日趋增加，需要有更多跨文化交际意识、能力和经验的国际化人才投入国际事务中，这对国际化人才的培养提出更大的挑战。如何培养与提升英语专业的学生的跨文化交际能力，满足国家对专业人才的质量要求，是目前英语专业教育的发展方向，也是极具挑战的一项长期工程[2]。

---

* 刘影，北京工商大学外国语学院副教授，主要研究方向为应用语言学、跨文化交际、高等教育国际化。

1 影响因素

在多年的教学过程中，通过对我校英语专业学生在课堂模拟情景实践练习的观察和多人次的访谈中发现，影响学生跨文化交际能力培养和发展的主要因素有语言能力、文化知识、专业背景和环境等几个方面。

语言能力方面的影响主要体现为学生语言基本功不扎实、用词不恰当、语法不正确，以及不能准确地表达其真正的意思，从而造成交际障碍，进而导致跨文化交际的失败。文化指科学、艺术、宗教、道德、法律、风俗、习惯等的综合体，文化知识方面的影响主要指学生对不同国家的文化背景、文化差异和文化冲突等方面的知识欠缺，从而在跨文化交流中，产生误会、冒犯，造成不愉快的气氛，达不到交际的目的。[3]专业背景方面的影响主要指特定的专业领域知识不够，如经济、贸易、管理、科技等方面，无法在专业方面进行较为深入的沟通和交流，无法达到合作等目的，没有完成交际的预期。环境的影响主要指学生缺乏锻炼交际能力所需的语言、社会环境，没有足够提升自己能力的实践机会，表现为在交际过程中不自信、缺乏交际技巧和应变能力，遇到紧急问题时不能采取有效沟通策略和灵活的应对措施，导致交际中断或交际失败。

2 应对策略

针对这些影响因素，在英语专业学生交际能力的培养中，要采取相应的策略，注重师资队伍的建设、学习资源的开拓、交际平台的构建和国外交流机会的创造，切实有效地提升学生的水平。

在师资队伍的建设方面，高水平的师资队伍是人才培养的有力保障。北京工商大学在过去的十年内，完成了所有外语教师的海外培训。教师在海外的学习和生活使自身的水平得到很大的提高。海外培训后的教师对学生的指导无论是语言能力、文化知识，还是跨文化意识等方面，都有更好的教学成果。

语言的学习和跨文化交际能力的提升仅仅依靠课堂教学是远远不够的，要开拓学习资源，如网上丰富的视、听、说资源，帮助学生更直接地接触国外的语言文化，熟悉各种场景下的表达和交流，并进行模仿。

交际平台的构建对学生的跨文化交际能力的提升有非常重要的作用。随着我校国际化水平的提升，在校留学生的数量越来越大，学校文化多元化的气氛越来越浓厚，与来自世界各国的留学生交流的机会也越来越多，如操场、食堂、图书馆等场合，还有学校定期、不定期举办的各种专题的文化交流活动，这些都能成为学生进行跨文化交流的平台。另外，我校注重校外实践基地建设，学生可以在一些大型涉外活动中担任志愿者，与来自世界各国的人员直接接触和交流，这同样是很好的锻炼和提升自身水平的机会。

当然，培养学生跨文化交际能力最直接的办法是将学生送到国外学习和生活，与国外的师生和当地居民随时进行交流，让学生亲身经历跨文化交际时的各种情况，直面各种思想文化的交流、交融、交锋，在实践中学会解决问题，并不断积累经验。虽然这种方式的效果很好，但是还需要学生有一定的语言基础和心理上的准备。

活到老，学到老，对英语专业的学生来说，要做到 know everything about something and know something about anything(通百艺而专一长）——对于不熟悉的知识领域要有一颗好学之心，对自己的专业领域知识面要专，对专业以外的领域知识面要广，这是成为国际化人才的基础。

3 结 语

总之，跨文化交际能力的培养不是一蹴而就的，需要多方共同的付出，只要我们踏踏实实打好语言基础，夯实文化底蕴，增加锻炼机会，相信一定能提升学生跨文化交际能力，培养出更多符合国家和社会需求的国际化人才。

参考文献

[1] 相梅．英语专业跨文化交际能力培养的影响因素研究［J］．山东农业工程学院学报，2010（8）．

[2] 张广奇．国际化视野下跨文化交际能力培养模式研究［J］．校园英语，2019（30）．

[3] 吴正英．外语教学中“渗透式”跨文化交际能力培养模式的具体应用——以“精读”与“美国文学”两门课程为例［J］．课程教育研究，2016（17）．

大学英语教学中翻译促进写作之探讨

彭　淳*

摘要：本文针对在大学英语教学中通过翻译练习促进写作水平提高的教学方法进行了初步的探讨。

关键词：大学英语；写作；翻译；翻译促进写作

写作能力的提高一直是大学英语教学重要而又困难的一个环节。通过翻译练习作为辅助，提高学生的写作能力不失为一种有效的途径。

1　大学英语写作教学现状

1.1　英语写作教学的问题

大学英语四级考试中，相当一部分考生在阅读理解部分尚能达到一定水平的正确率，但是在写作部分则暴露出词汇量有限、句式结构不清、行文逻辑混乱、内容空洞、词不达意等诸多问题。这些错误相当一部分是由于考生对英语的句法结构不熟悉、词性掌握不牢及中英文的表达习惯上的差异不了解造成的。对于语法结构和词汇使用的细节分析一直是翻译教学法的常规操作。

1.2　翻译教学法的地位

翻译教学法一贯注重对所学篇章中的句子结构和词汇使用进行细致地分析

* 彭淳，北京工商大学外国语学院讲师，主要研究方向为应用语言学、英语教育。

和讲解，通过互译的方法引导学生注意母语和外语在表达上的差异，并尽力在译文中，准确传达原文的意思、语气和风格。由于这种方法在听说能力的提升上比较低效缓慢，而且课堂容易枯燥沉闷，它在外语教学中的地位逐渐被交际教学法和任务教学法所取代。但是，由于翻译法在文本精读和语法分析上的严谨，它在外语语言输入不丰富的前提下，在提高外语读写能力方面具备一些独到之处。

2 以翻译促进写作的理论依据

2.1 母语思维在外语学习中的影响

母语思维在外语学习中是一个无法回避的问题。它对外语学习的作用，既存在正迁移也存在负迁移，也就是说这种重要的影响可能是促进也可能是妨碍。学习外语表达时的翻译行为就是母语思维的表现。外语学习者会用母语构思形成句子，然后再试图搜索合适的外语词汇进行转译。而大部分外语初学者在进行外语写作时，同样是经过母语思维完成内容生成，再用外语把母语构思好的内容进行翻译。我们可以通过词汇选择、句式分析等与翻译相关的练习，争取最大限度地达到母语的正迁移，同时也能达到提高外语写作水平的目的。

2.2 翻译和写作的水平正相关的案例

许多学者都探究过包括翻译行为在内的母语思维对写作的影响。Zamel（扎迈勒）研究了8位外语学习者，其中唯一一位通过翻译进行外语写作的研究对象写作水平最高。卡明（Cumming）研究了6位法语为母语的加拿大人，他们在用英语写作时，都会借助母语法语。他们中写作水平较低者借助法语生成写作内容，而写作水平较高者还用法语检查文法和斟酌词汇的选用。小林（Kobayashi）和林纳特（Rinnert）在研究中发现，跟较高水平的外语学习者相比，水平较低的学习者在外语写作中以翻译促进写作会取得更佳的效果[1]。中国科技大学的周伟新发现，她教授的几届不同班级的学生的写作成绩和汉译英成绩呈正相关，并且她认为无论是汉译英，还是英语写作展示的都是学生汉译英的能力。[2]

3 以翻译促进写作的方法和策略

3.1 通过翻译练习扩充写作词汇

通过指定使用一些学习过的词汇或者动词词组，扩充学生在写作中可以使用的主动词汇。并且通过修正词性中的使用错误，选用恰当的词汇，帮助学生正确使用词语。

3.2 通过翻译练习强调句法结构

通过翻译练习对比主动句、被动句、无人称句、倒装句、从句等不同句式中所体现的中英文语法和表达习惯上的差异。

3.3 通过回译引起对常见错误的重视

把英语写作经常出现的一些错误句式或者词汇使用作为原句提供给学生，要求他们回译成汉语。在误译和回译失败的情况下，再对比正确译文，会给学生留下更加深刻的印象。

参考文献

[1] 林岚．翻译辅助大学英语写作教学之初探［J］．语文学刊（外文版），2005（2）．

[2] 周伟新，司显柱．试论翻译在大学英语教学中的地位、现状及其与写作的关系［N］．安徽农业大学学报（社科版），2000－01－01（21）．

“一带一路”视野下高校英语课堂中跨文化教学策略[*]

唐亦庄[**]

摘要：本文讨论外语课堂中跨文化教学如何有效地顺应“一带一路”倡议。随着“一带一路”倡议的启动，对人才的需求急剧增长，特别是具有良好全球视野和跨文化知识的人才。为使学生做好在跨文化环境中工作的准备，本文从教师跨文化知识、教学重点的转移、跨文化教学实践方面，分析如何加强和改革高校外语教学中的跨文化教学。

关键词：“一带一路”倡议；跨文化教学；大学英语

1 跨文化主义和跨文化学习重要性

全球化背景下，世界各地的民众彼此的联系比以往任何时候都更加紧密。泰德·坎特教授甚至说：“全球化已经创造了一个‘超级多样性’时代。”[1]他建议将跨文化主义作为一种新的文化交际方式，而从前的多元文化政策已不适应这个新的时代。跨文化主义是“跨文化的共享和学习，可以促进多元社会中的理解、平等、和谐与正义”。[2]“不同于多元文化主义，跨文化主义涵盖所有领域的差异。”[1]未来，全球连通性将改变人们的生活方式，跨文化学习

* 本论文为“北京工商大学2020年年度青年教师科研启动基金”项目（编号：CNJJ－53）的成果；得到“科技创新服务能力建设——基本科研业务费”（编号：PXM2020_014213_000017）的资助。

** 唐亦庄，北京工商大学外国语学院教师，主要研究方向为跨文化交际、外语教学。

是改变人类和世界的一种方式，而为学生打下成为“全球公民”的基础可能是外语教学的一个新目标。

2 “一带一路”背景下高校课堂中的跨文化教学重点

“一带一路”倡议在国际上产生了广泛影响，同时也对我国高校外语教学提出新的挑战。目前，高校外语课堂中，跨文化教学面临教学内容缺乏全球化视野，教学方法缺乏批判性和实践性的困境。高校英语跨文化教学可从以下几个方面进行改革优化：给教师提供更多接受跨文化培训的机会、跨文化教学中强调跨文化批判意识的培养、拓展学生课外跨文化实践等，以满足“一带一路”倡议对跨文化人才的需求。

2.1 对教师的跨文化意识和跨文化知识提出更高的要求

首先，高校外语课堂中跨文化教学要想取得成效，教师必须准备好“采用多元文化主义和反偏见课程框架来教学”。教师需要做的第一件事是“更多地意识到他们自己的隐性和显性偏见会影响他们的教学实践”[2]。

此外，教师必须提高对“一带一路”国家不同文化、宗教习俗和语言的敏感性，并避免将个人的传统、信仰和价值观概括为一个群体的传统。

2.2 强调跨文化教学和批判性跨文化意识的培养

语言学者胡文仲归纳了跨文化交际教学内容的6个研究领域：词汇研究、语用研究、非语言研究、交往习俗研究、社会心理研究、价值观研究[3]。传统外语教学侧重前两个领域，但非语言、交往习俗、社会心理、价值观的学习也是外语课堂的重要教学内容，教师在讲解词汇、语义、语篇时，可挖掘其背后深层次的社会历史文化价值观、语言演变等内容；传统的教学注重的是学生的交际能力，包括语言语用的能力，忽视了跨文化能力，这包括对文化差异的敏感性、宽容性和对文化冲突的处理能力；此外，传统的跨文化教学是以英美文化为主导的文化教学，容易忽略学生对自己民族语言文化的敏感性也是跨文化能力的一个重要方面，这一点在现在的教学中越发得到重视，这样既可以增强民族自信心，也能在跨文化交际中保持自我、求同存异，以独立的文化人格活跃于国际交流的舞台。同时，外语课程内容中可适当涉及“一带一路”沿线国家和地区的历史文化及民俗。

跨文化教学中对某个具体国家的文化和本国的文化的对比和差异学习，尽管这些都是非常必要的，但学生在多元文化时代将面临多种文化交流的情境，这些情境远超出他们所学的知识范围。因此，提高学生对于跨文化多样性的接受程度，仅仅认识到文化差异是不够的。教师和教育者在课堂中，还应提高学生的批判性跨文化意识和跨文化敏感度，其关键因素是反思，即“对自己和他人进行批判性思考的能力”[2]，应将这种反思能力纳入跨文化教学中。通过跨文化学习，我们必须学习如何通过他人的眼光看世界，用批判性的跨文化眼光看待事物，并将接收到的信息添加到我们的个人资料库中，以发展跨文化的交际能力。

2.3 拓展学生课外跨文化实践

在许多国家的跨文化教学中，体验和理解文化差异是必修课。如果能够通过海外的短期交换或周期性，如暑期学习的形式让学生身临其境体验文化差异，取得事半功倍的效果。

在国内的跨文化课堂中，教师也可加入“一带一路”沿线国家的社会、技术、经济、生态、政治、价值和法律方面有关的信息，并采取案例分析、小组活动、情景对话、角色扮演、翻转课堂等提高文化敏感性的实践型培训方式，打破常规文化障碍并摆脱角色的束缚。

3 结 语

“一带一路”倡议的提出和实施对外语教学提出了更高要求，关于“一带一路”背景下的跨文化学习的研究仍有许多悬而未决的问题。可以肯定的是，高校英语跨文化教学将“一带一路”倡议纳入教学范围将有助于培养学生的国际视野，为新时代国家的发展提供具有文化自信的人才。

参考文献

[1] CANTLE T. Interculturalism as a new narrative for the era of globalization and super-ersity, interculturalism and multiculturalism: similarities and differences [M]. Strasbourg: Council of Europe, 2013: 1 – 19.

[2] PONCIANO L, SHABAZIAN A. Interculturalism: addressing diversity in early childhood [J]. Dimensions of early childhood, 2012, 140 (1): 23 - 25.
[3] 胡文仲. 外语教学与文化 [M]. 长沙：湖南教育出版社，2000.

大学英语教材的思政解读

郑昊霞*

摘要：本文以大学英语国家级规划教材中的课文为例，探讨如何对非思政语篇进行思政解读，挖掘其思政元素，向学生传递正能量，以践行新时代立德树人的目标和要求。

关键词：大学英语；非思政语篇；思政解读

课程思政是近年来出现的新术语，与中国传统教育观念中的教书育人是一脉相承的。在育人方面，课程思政突出在百年未有之大变局背景下，教育工作者应顺应时代潮流，积极主动地投身于为中华民族伟大复兴培养合格、优秀人才的伟大事业中，承担起作为人类灵魂工程师为受教育者铸魂的光荣使命，履行人民教师义不容辞的职责。

大学的课程思政是指在传统思政课程以外的其他课程中对学生进行意识形态和思想政治教育。这里所说的意识形态和思想政治教育含义甚广，包括世界观、人生观、价值观、方法论、道德情操等多方面的内容，最重要的是引导学生树立坚定的理想信念，培养正确的价值观。课程思政的主导者、设计者和实施者是教师，但实施媒介主要是教材。教材是课程思政教育内容的主要来源。教师在深刻领会课程思政或育人目标的前提下，应深入分析教材及所教授的内容。对大学英语课程而言，教材内容通常不是显性的思政语篇，而是隐性的非思政语篇，思政元素大多是隐含于内容之中，这就要求大学英语教师能够从思政角度对材料进行解读，将其中的思政元素挖掘出来。

---

* 郑昊霞，北京工商大学外国语学院讲师，主要研究方向为英语翻译、英语教育。

本文以《新标准大学英语综合教程3》（第二版）第2单元第1篇课文《玻璃城堡》（*The Glass Castle*）为例，尝试从思政维度对英语教材中典型的非思政语篇进行解读，挖掘其思政元素，并自然地融入教学过程，最终达到教书育人、立德树人的目标和要求。

1 课文概述

《玻璃城堡》这篇课文节选自美国作家珍妮特·华尔斯（Jeannette Walls）出版于2005年的同名回忆录。该书在出版后的两年里一直名列美国畅销书榜单。该书讲述了作者及其家人的早期生活。由于父母与众不同的处事风格和生活态度，作者和她的兄弟姐妹在成长过程中饱经贫困、居无定所，最终忍无可忍都选择了离家出走、独自谋生。而令人惊奇的是，尽管其父母养育孩子的方式可能遭到大部分人的反对，这一家人总体而言却是幸福快乐的，孩子们成年后都事业有成、心理健康。该书仿佛揭示了这样一个事实：哪怕是在社会上多数人看来非常无能的父母，只要他们对孩子有足够多的爱，就可以弥补孩子成长过程中物质条件的匮乏。课文及原著标题中的“玻璃城堡”既是父亲的梦想也是他给全家人的承诺，那就是找到足够多金子给全家人建造一个美妙绝伦的玻璃的城堡。

节选的课文讲述作者一家因为太穷买不起各种圣诞节的饰品和礼物，父母选择直接告诉孩子世上根本没有圣诞老人的真相，其他孩子得到的圣诞老人的礼物不过是他们的父母花钱买来的。作者一家通常比别人晚一周过圣诞节，这样可以少花钱甚至不花钱获得孩子们喜爱的圣诞饰物和礼物。在又一个圣诞节来临的时候，父亲又失去了工作，一家人穷得身无分文，父亲这时突发奇想，在圣诞夜将孩子们带到沙漠里去看星星，并让每个孩子挑选一颗星星作为自己的圣诞礼物。

作为回忆录节选，这篇课文属于记叙文，共有18个自然段，叙事性语句占大部分，有少量描写，另有部分直接引语和对话。在结合原著背景对课文进行详细研读之后，我们可以发现课文讲述的虽然是20世纪60年代中期，美国中西部一个不寻常之家的往事，但却反映中国现阶段所倡导的主流的进步的价值观，因此是适用于课程思政的。

2 思政解读

我经过研读思考之后认为这篇课文中比较突出的思政元素有以下几点：第一，精神财富胜过物质财富；第二，科学知识胜过宗教神话；第三，家庭和睦与亲子之爱。

首先，课文中蕴含精神财富胜过物质财富这样一种理性、积极而具有正能量的价值观，一个人想要度过充实而有趣的一生并不需要很富有，财富也并不一定带来幸福快乐；具体体现在课文的第 5 段和第 18 段。第 5 段的结尾处写道："爸爸说，那些闪烁的星星是对像我们那样住在荒野上的人的特别款待。有钱的城里的人虽然住在高档公寓里，但因为那里空气污染严重，他们甚至看不到星星。如果我们想跟他们中的任何一个交换住处，那我们一定是疯了。"第 18 段则写道："我们嘲笑那些相信圣诞童话的小孩，他们除了一堆廉价的塑料玩具外什么也没有得到。""再过些年，他们得到的那些垃圾玩具都坏了，早就被他们遗忘了。"爸爸说："你们的星星却依旧在空中闪耀。"在当今社会，物质主义依然十分盛行，有人一切向钱看，有人为了赚钱甚至不择手段，这样的价值观无疑是积极而富有正能量的。

其次，课文自始至终贯穿一种科学精神。课文开头作者的父母对年幼的孩子们无情戳穿圣诞老人的童话，尽管有迫于穷困的原因，但也符合客观实际，从侧面反映了作者父母的世界观和对宗教神话的态度。第 5 段提到爸爸喜欢聊星星，他向我们讲解星星如何在地球自转时在夜空中转动，他教我们辨认星座，教我们如何根据北极星的方位来导航。第 11 段中爸爸告诉作者，金星是行星，与恒星相比非常小，之所以看上去更大、更亮是因为它比其他星星离我们近得多。金星自己不能发光，它发出的是反射光。行星之所以发出稳定的光，是因为反射光是恒定光等。第 15 段至第 17 段讲述了在吃圣诞晚餐时，全家人一起谈论外太空的话题。父亲向孩子们讲解了光年、黑洞、类星体，以及他们所选的参宿四、参宿七和金星的特征。可见作者的父亲爱好科学，拥有丰富的天文学知识，并且希望孩子们拥有跟他同样的爱好。相对于宗教神话，人类社会的进步显然更需要科学的引领，所以崇尚科学和乐于探究真理的科学精神也代表人类进步的价值观。

此外，课文里还多处显露家庭和睦与亲子间的互信互爱。第 5 段里写道：

“圣诞夜爸爸带我们到沙漠的荒野里看星星，轮到我的时候，我要把身上裹着的毯子分给爸爸一些以抵御寒冷，但他没接受，好像他从来不怕冷。五岁的我挨着爸爸坐下，和爸爸一起抬头看天空。”这个细节体现父女之间浓浓的亲情及年幼的“我”对父亲的崇拜和依赖，呈现和谐温馨的场景。第 6 段至第 14 段细致描述“爸爸跟我聊星星的过程，并让我从夜空中选一颗自己最喜欢的星星作为圣诞礼物”。父亲本来不太看好金星，因为它是行星，本身并不发光，但既然女儿喜欢，也就尊重她的选择，这体现了父亲对女儿的体贴和关爱。第 15 段至篇末写一家人在圣诞晚餐时聊外太空，父亲无比耐心又不乏幽默地给孩子们讲解各种天文术语和选中的星星，那顿晚餐也许非常简单，根本不值一提，但他们从聊天中获得的天文学知识和精神上的乐趣应该是非常丰富的，因而给作者留下了终身难忘的美好回忆。

3 结 语

因篇幅所限，本文仅从内容角度对一篇大学英语通用教材的课文进行了简单地思政解读，尝试性挖掘其中的思政元素。黄国文教授指出，话语、语篇、课文都隐含思政的内容，都反映了价值观[1]，我深以为然。课程思政讲究的是润物无声、水到渠成，只要教师有足够的思政意识和素养，就不难从教材中发现思政的闪光点。

参考文献

[1] 黄国文．思政视角下的英语教材分析［J］．中国外语，2020（5）：21－29.

课程思政在大学英语教学中的实践*

王秀珍**

摘要：课程思政是高等学校实现全程、全方位育人面临的重要使命。研究人员从顶层设计、教学材料、教学实践及教学评估等各个方面对如何把课程思政融入课堂教学进行了探讨。文章探索了在教学实践中，开展课程思政的方法并提供了学生的相关反馈，希望为今后的思政教学提供一些思路。

关键词：课程思政；实践；思考

1 前言

高等教育肩负培养合格的社会主义接班人的重要使命，如何在教授知识技能的同时，提升学生的思想境界是需要认真思考的问题。2016 年 12 月，习近平总书记指出，高校思想政治工作关系高校培养什么样的人、如何培养人以及为谁培养人这个根本问题。要坚持把立德树人作为中心环节，把思想政治工作贯穿教育教学全过程，实现全程育人、全方位育人，努力开创我国高等教育事业发展新局面。2020 年 6 月教育部印发的《高等学校课程思政建设指导纲要》明确提出，要“全面推进高校课程思政建设，发挥好每门课程的育人作用，提高高校人才培养质量”，再次明确了课程思政的重要地位。

* 本文为 2020 年北京工商大学校级教育教学改革研究项目“融入课程思政理念的大学英语混合式教学模式应用研究”（项目编号：jg205243）的成果。

** 王秀珍，北京工商大学外国语学院讲师，主要研究方向为第二语言习得、教学法、语言学和翻译等。

2 课程思政研究综述

目前大多数关于课程思政的研究探讨了将课程思政与大学英语相结合的可行性和有效策略，从宏观角度分析了大学英语课程思政多方面的实施路径，如教材改革、师资培育、课程考核等，也有少数研究从具体实践的角度探索了如何才能有效实施课程思政。

孔标提出大学英语课程思政的实施路径，包括：大学英语教师的自我提升和课程思政教学团队建设；大学英语课程思政设置；大学英语课程思政的具体实施方案[1]。黄佰宏采用文献研究法、举例论证法和问卷调查法，从提升教师思政素养、调整课程设置、优化教学内容方法和评估课程思政成效四个方面详细阐述了浙江理工大学的大学英语课程改革以及取得的成效[2]。蒙岚分析了大学英语课程思政的实施原则，通过对 6 名大一、大二本科生进行半结构化访谈，从学生角度探讨了大学英语课程思政的实施形式，即通过故事、合作学习和评价促成大学英语课程思政的落实，在此基础上提出混合式教学模式下，大学英语课程思政路径[3]。

3 教学实践

笔者在教学实践中开展了为期 16 周的课程思政实践，主要以单元主题为思政融入点，以扩展阅读、课堂讨论、小组展示及平台写作翻译等形式，以期以潜移默化的方式达到润物细无声的效果。

在开展课程思政教学时，把课程思政作为重要教学目标。首先，根据单元内容确定思政主题，以便在传授语言知识和训练语言技能的过程中，自然融入思政教育；其次，在进行文章分析讲解时，设计与思政主题相关的讨论话题，让学生结对子进行，使他们积极思考；再次，以小组合作的形式让学生的参与度更高，增强学习的主动性和积极性。因此，通过让学生主动去查找、讲解有关思政主题的内容，把思政意识融入学习中。扩展阅读的材料主要来自习近平总书记的重要讲话和中国日报网英语点津网站的资源。根据输入与输出的相互增强效应，一定数量的阅读必将有助于提升学生的思想政治意识。最后，翻译和写作练习是增强思政意识的重要途径。在学生学习了相关思政主题的文章后，教师通过布置相关任务，以翻译和写作的形式达到思想境界的升华。

在学期将近结束时，作者对 158 名学生进行了问卷调查，有 145 名（91.77%）学生认为英语课程融入思政内容对思想认识产生了影响。有的同学说："英语课程思政内容帮助我了解西方对中国的态度和认识，同时也能促使我更好地向西方讲述中国故事。"有的同学说："让我对问题的看法有了不同的理解，能客观地理解时政，对社会主义制度和文化更加自信。"

4 结语

研究人员从不同的角度对课程思政实施的思路、路径和方法进行了探索。然而，有关如何评估课程思政对学生的思想认识所产生的影响、课程思政如何与其他教学理论相结合的研究相对甚少。希望随着课程思政实施的进一步深入，从历史和客观的角度对课程思政开展更加广泛、深入的剖析，以期从长远的角度达到全程育人、全方位育人的目标。

参考文献

[1] 孔标."大思政"格局下大学英语"课程思政"的落实研究[J].长春师范大学学报，2020（3）：179－182.

[2] 黄佰宏."课程思政"视域下的大学英语教学改革与实践——以浙江理工大学为例[J].浙江理工大学学报，2020（44）：1－7.

[3] 蒙岚.混合式教学模式下大学英语课程思政路径[J].社会科学家，2020（12）：136－141.

利用三步断句法破解英语长难句

许兰贞*

摘要： 英语阅读理解中，长难句是学生的绊脚石，教师应帮助学生学会将长难句正确断句，通过分解句子结构，着眼句子主干，略读细枝末节，领会句子的真正意思。在教学过程中，传授学生断句的方法有助于学生克服对长难句的恐惧心理，让他们通过结构分析解构长难句，找出主干，把握句意。

关键词： 长难句；断句；主干；枝叶

英语阅读理解能力是外语学习者获取信息和知识的重要能力，不管是在实际工作和生活中，还是各种形式的英语考试中，阅读理解都是非常重要的语言技能[1]。很多学生惧怕阅读理解是因为文章中又长又难的句子造成阅读和理解的障碍，这些长难句成为学生阅读过程中的绊脚石，学生往往望而却步，思路受阻，进而影响对整篇文章的理解和把握。其实，在阅读的过程中，学生只要学会将长难句正确断句，分解句子结构，着眼句子主干，略读细枝末节，就可以拨云见日，领会句子的真正意思。

1 如何破解英语长难句

破解长难句就是看穿句子的复杂结构，一层一层把这些结构拆解剥离，使句子变短、变简单。无论句子多么复杂，先找到主谓结构，因为英语中最基本的句子结构是主谓结构，然后通过增加限制成分、修饰语及补充成分使句子变

* 许兰贞，北京工商大学外国语学院，主要研究方向为大学英语教学和商务英语教学。

长。例如，只要句子结构中有名词，就可以增加修饰或者解释名词的成分，如定语、定语从句、同位语、同位语从句等，如 Manchester, a major city in the UK, is the proud home to the country's second Confucius Institute, which is a not-for-profit educational institution, whose mission is to advance global education and cross-cultural understanding through teaching and learning Chinese language and culture.

翻译为：英国主要城市曼彻斯特是该国第二所孔子学院所在地，孔子学院是一所非营利性教育机构，其使命是通过教授和学习中国语言和文化，促进全球教育和跨文化理解。

本句中的名词 Manchester（曼彻斯特）后面由 a major city in the UK（英国主要城市）作同位语进行解释说明，另一个名词 Confucius Institute（孔子学院）后面跟了两个定语从句，分别由 which（进一步提供有关某事物的信息，那个，那些）和 whose（进一步提供信息时用）引导对“孔子学院”进行了解释说明，似乎诞生了一个又长又复杂的句子，其实剥去层层修饰语，其句子的主干就是 Manchester is the proud home to the country's second Confucius Institute（在英国，曼彻斯特有幸成为第二个建立孔子学院的城市）。

长难句之所以难以理解是因为其中包含太多的内容，使学生难以分清主次，无法识别主干和枝叶，我们的对策是有意识地进行结构化分析，即把长难句分成几个独立的部分来理解。

2 断句三步法

第一步，肢解长句为短句，跟着标点符号标一标。即在每一个标点符号处做标记，把一个复杂冗长的句子断句为若干短句子，从心理上减轻压力，不因长句产生畏难情绪；第二步，着眼句子主干，略读细枝末节。透过长难句错综复杂的句子结构，找出句子主干是把握句意的关键，因为主干是整个长难句的核心，也就是整个句子真正要表达的内容，其他的修饰成分则属于细枝末节，可以略读；第三步，再次通读长句，厘清主干和枝叶的逻辑关系。根据大学英语四和六级的考试大纲，阅读理解部分主要测试的能力有：掌握所读材料的主旨和大意并了解说明主旨和大意的事实和细节，因此阅读理解考查的不仅是对文章主要信息的把握，也有对细节逻辑关系的把握，而长难句中往往隐藏复杂的逻辑关系，需要在分清主干枝叶的大关系后，再体会其中的逻辑关系，辨别其内在的因果关系、递进关系、转折关系等。

例：If we look at man as an animal and try to analyze the environmental forces that are acting on the organism①//we find that we have to deal with things like climate and plants②//and such like factors common to all biological situations③//but we also find very important environmental influences that we can only class as "cultural" ④//which modify the physical and biological factors⑤.

翻译为：如果我们将人类视为一种动物，并试图分析作用于有机体的环境力，我们不仅需要考虑气候、植物等所有生物环境中常见的因素，更要涉及另一些非常重要的可以归类为"文化影响"的环境影响力，它们改变了物理和生物因素。

在这一长句中共有65个字，属于学生望而却步的长难句。如果只是习惯性地从头到尾读一遍，不但费时，而且思维混乱，无法找到句子真正表达的意思。如果采用断句三步法，则可以把握句子的主旨并厘清主干和枝叶的逻辑关系。If引导的①分句为条件状语从句，可以作为枝叶略读；第②和第③分句是第一层次的主干，是 we find 的结果，两个分句是 and 引出的并列成分；第④分句是第二层次的主干，也是 we find 的结果，但是因为其前面有个 but 表示转折关系，所以是本句所要表达的主要内容，也是本句真正的主干；第⑤分句是由 which 引导的非限制定语从句，也是枝叶部分，可以略读。因此，本句核心的内容是 but we also find very important environmental influences that we can only class as "cultural"。

例：①One encyclopedia tells us that intelligence is related to the ability to learn// ②to the speed with which things are learned//③to how well and how long ideas are remembered//④to the ability to understand those ideas and use them in problem-solving//⑤and to creativity.

翻译为：一本百科全书告诉我们，智力与学习能力、学习速度、记忆程度及时效、理解想法并将其用于解决问题的能力及创造力有关。

在这个长句中共有45个字，可以断句为5个短句，其实它本身只是一个纯正的简单句，主干是 One encyclopedia tells us that intelligence is related to (something)，即有一部百科全书告诉我们智力是和（某个东西）有关，需要识别的是 related to 后面引出5个相关因素，分别出现在①②③④⑤五个短句中。学生如果可以正确断句，识别主干，厘清枝叶间的并列逻辑关系，就可以应对各种阅读理解题目。

3 结 语

长难句向来都是大学英语四级、六级考试中的阅读理解的难点，为了帮助学生正确理解长难句，我们应该传授学生断长句为短句、分清主干和枝叶的方法和步骤，如此不仅能够大大提升阅读速度，还可准确把握句子的主要内容，为理解通篇文章打下良好的基础[2]。只要学生能够在平时的训练中多加练习，熟练掌握，那么大学英语四级、六级考试中的阅读长难句的理解能力自然会大有长进。

参考文献

[1] 刘润清．论大学英语教学［M］．北京：外语教学与研究出版社，1999.
[2] 蒋剡．阅读与大学英语教学质量的提升［J］．教书育人，2007（9）.

浅谈大学英语的课程思政构建

周纳新*

摘要：为了响应全国高校思想政治工作会议中“坚持把立德树人作为教育中心环节，把思想政治工作贯穿教育教学全过程，实现全程育人、全方位育人”的要求，全国高校加快了将思政教育融入学科的探索和实践，从挖掘各学科课程中所蕴含的思政教育资源，到构建完整的课程思政体系，坚定不移地将培养专业素质和政治素质双优的人才作为教育的终极目标。大学英语是高校中受众最广，涉及社会文化信息丰富的学科，因此在大学英语教学中加强思政教育，逐渐完善课程思政的构建是未来本学科发展的必要举措。

关键词：课程思政；思政教育；资源转化

1 思政教育在外语教学中的重要性

课程思政是以课程为载体，思政教育为核心的教学模式[1]。为顺应时代的发展和改革的要求，将外语教学内容与思政教育有机融合、挖掘学科中的思政教育资源，将是我们今后教学工作的重点。首先，外语学习中会必不可少涉及对外国文化及价值观的了解，在传递这类信息的同时，要求教师做出正确的比较和评判，站在爱党爱国的立场上，弘扬祖国优秀传统文化，抒发家国情怀，激发学生民族自豪感，帮助他们树立正确的人生观、世界观和价值观。其次，由于当今外语学习资料遍布各种平台、网络和媒体，学生很容易接触到来自世

---

* 周纳新，北京工商大学外国语学院讲师。

界范围的文化宣传，在获得知识，增长见识，完善技能的同时，学生在所难免会受到不同政治背景下，不同观念的影响，所以我们必须确保学生具备坚定的社会主义信念和端正的世界观，帮助其明辨是非，吸收精华，摒弃糟粕，帮助学生在外语学习的道路上健康地成长和发展，未来他们才能向世界更好地传播中国力量、中国精神、中国效率，才能做到向世界讲好中国故事。可见外语课堂的思政教育是至关重要的。外语教师的政治观点和思想意识对学生有潜移默化的影响，要求教师在教授外国语言文化的同时，对不符合社会主义核心价值观的现象有批判的意识，时刻不忘在学生心目中树立良好的政治形象，把爱国爱党的思想体现在教学的细微之处，把弘扬祖国优秀传统文化的理念贯彻于教学的始终。

2 将思政教育融入大学英语课堂

在外语教学中融入思政教育，要求教师不断提高思政能力，增强思政意识，通过学习和培训等手段不断提高思政水平。教师首先应当具备坚定不移的政治立场，清楚自身所肩负的教育使命，重视言传身教的深远影响，切实做到向学生传播正确的政治观念和价值理念。更重要的是，教师除了具备全面的专业知识和教育技术外，还要不断学习中外社会文化精髓和先进的思想观念，不断充实自己的各项知识储备，在授课过程中才能巧妙地利用教学材料和学习资源，深入地挖掘思政内涵，做到对教学资源的充分利用和有效转化；潜移默化地传授知识和全方位育人。例如，在谈论世界建筑的话题时，可提到世界最高的十大建筑中六个都在我国境内，这些地标建筑仿佛是一座座奖杯，向全世界展示我国强大的技术能力和丰厚的经济实力，他们是国家不断发展壮大的标志，是我们每一个中国公民的骄傲。相信简短有力的总结一定能够激发学生的爱国热情和民族自豪感。从语言文化的教学内容上来看，思政意义可能蕴含在我们讲授的任何知识点中，我们也会不经意地联系起某些具有思政价值的信息，因此深入挖掘外语教材中的思政资源，虽然是对外语教师提出的新的挑战，但我们并非束手无策，语言文化的学习本就非常重视知识的联系和拓展，而博学、睿智也正是为人师所必须具备的基本素质，实现将思政教育巧妙地融入大学英语教学中，是教师义不容辞的责任。

3 构建大学英语课程思政体系

教育部在《高校思想政治工作质量提升工程实施纲要》（以下简称“纲要”）中指出：“要大力推动以‘课程思政’为目标的课堂教学改革，优化课程设置，修订专业教材，完善教学设计，加强教学管理，梳理各门专业课程所蕴含的思想政治教育元素和所承载的思想政治教育功能，融入课堂教学各环节，实现思想政治教育与知识体系教育的有机统一。”[2] 纲要中明确要求各高校做到把思想政治教育与专业相结合，构建各学科完整的课程思政体系，确保实现以课程为载体，思政教育为核心的教育模式。将所有教学科目和教育活动都渗透和贯穿思政教育，构建完整的课程思政体系，对于不同的学科存在不同的难度。大学英语教学内容以语言和社会文化为主，信息涵盖范围十分广泛，无论是进行教材改革，还是在课堂知识中挖掘思政内涵，联系具有思政价值的信息，都是切实可行的措施。例如，大学英语四级、六级考试自2013年改革后，将翻译题目确定为反映祖国优秀历史文化或经济、技术进步等的文章，引起学生极大的学习热情，是实用性和时效性兼具的考查方式。新形势下的教材和教学的改革都将是尝试把学科资源转化为育人资源，实现知识传授和价值引领有机结合的实践过程。

参考文献

[1] 张跃飞．“大学英语”教学推行课程思政的问题与对策研究［J］．科学大众，2019（8）．

[2] 杜刚跃，孙瑞娟．高校英语教学“课程思政”有效策略研究［J］．延安大学学报（社会科学版），2019（4）．

英汉语篇互文性逻辑类型对比下的英语写作教学

黄清如*

摘要：本文旨在通过论述互文性的逻辑序列类型在汉英中的差异来揭示汉英两种不同语言体系语篇结构的不同。由于文化背景、思维方式的迥异，中英在语篇构成上的差异显而易见，这对英语写作教学的意义不言而喻。

关键词：互文性；语篇；逻辑序列类型

1 引 论

互文性（intertextuality）指的是一个文本（text）与一种文化中的其他文本之间的关系，与该文本有关的其他文本被称为互文。在语篇语言学中，一个语篇（text/discourse）的产生和理解取决于读者对其他语篇的理解，“每个语篇都是对其他语篇吸收和转换的结果”[1]。一个语篇是以前述的语篇作为语篇生成的语境因素之一，但它同时又成为其后语篇的语境因素。这种语篇的互文性体现语篇和语境的辩证关系，如韩礼德（Halliday）和哈森（Hasan）指出：“正如语境创造语篇，语篇也创造语境。”[2]语篇学家把互文性分为四个方面：一是构成语篇、语境的经验特征；二是公认的逻辑序列类型；三是人际特征；四是从一个语篇带入另一语篇的固定表达法。本文拟通过语篇的互文性，着重讨论互文性中的逻辑序列类型，比较英汉在此方面的差异，以揭示语篇特征，

---

* 黄清如，北京工商大学外国语学院讲师，主要研究方向为应用语言学。

以及所反映的英汉民族思维、认知模式、文化特征和语言特征等方面的异同，从而达到促进英语写作的教学效果。

2 互文性中的逻辑序列类型

语篇的逻辑序列包括两大类型：语篇层次上的逻辑序列；语篇内所包含的复句中各小句之间的逻辑关系。语篇上的逻辑序列指的是语篇内的各个组成部分之间的逻辑关系，如总分关系、时间关系、因果关系、对照关系等。而另一类型则表明复句中各小句之间的时间关系、因果关系、限定关系等。语篇逻辑序列的互文性指的是在这两种逻辑序列中与其他语篇的辩证关系，即对其他语篇的吸收和转换。由于英汉两种迥然不同的语言系统，更因其文化背景和思维模式的差异，所表现其在语篇逻辑序列中互文性上的差别显而易见。

3 英汉在互文性中的逻辑序列类型的差异

首先，从语篇层面上看，英语篇章的逻辑序列多表现为线性模式，一般按一条直线展开，语义的推进，是以有序的逻辑方式进行的。各组成部分按因果、总分、时间和空间等线性方式有序推进。

But the technological revolution is just as real and just as profound as the revolution of the 1960s——it's just not as obvious. It's work in progress, but it's there. Perhaps when our parents stop pointing out everything they were and everything we're not, maybe they'll see that the post-everything generation is speaking a language which makes sense. We're writing the revolution, and we're using our own words to do so.

翻译为：可是，科技革命就像20世纪60年代的革命一样，真实而深刻——只是不那么明显而已。它是正在推进中的未完成的事业，但它实实在在地存在。也许等到我们的父母不再说他们样样都好而我们一无是处时，他们或许会明白，后一代说的话也有一定的道理。我们在书写革命，我们在用自己的语言书写革命。

该段语篇典型地展示了英文篇章的线性结构，第一句和第二句表明主题：现在的技术革命与六十年代的革命同样意义深远，并且继续突飞猛进。随后通过对比的手法在时间关系上进一步强调今天的年轻人所做的一切和父辈们所做的同样有意义，最后得出结论。整段语篇围绕现今的技术革命展开，层层推进，不拖泥带水，一气呵成。

在汉语中，语篇的逻辑序列呈现螺旋结构，语义的推进按循环往复的方式，点点积累，最后“破题”以彰显主题的重要性。

> 积土成山，风雨兴焉；积水成渊，蛟龙生焉；积善成德，而神明自得，圣心备焉。故不积跬步，无以至千里；不积小流，无以成江海。骐骥一跃，不能十步；驽马十驾，功在不舍。锲而舍之，朽木不折；锲而不舍，金石可镂。

在《劝学篇》这个语段中，作者用多种方式强调和深化“积累”在学习中的重要性，至于主题则是留给读者自己去理解和揣摩。

其次，就各小句之间的逻辑关系，英汉之间的表达形式更是差异巨大。英语复句中的逻辑关系用语篇衔接手段明确表示，如指称、替代、省略或连接，也可以使用词汇或语法形式来表达。而汉语多半是通过语义连贯来表达各种逻辑关系。例如，下面的汉语句子：

> 其中一个例子是板球，这是一种规则怪异的奇特游戏，如果五天之内毫无进展，玩家往往就会决定双方战平。

这句汉语中唯一表现逻辑关系的词汇是“这”，其他的逻辑关系全都隐含在语义中。我们再看看它的英文翻译：One instance of this is cricket, which is a peculiar game with weird rules, where nothing happens for five days, at the end of which the players often decide to call it a draw.

很明显，英文中各小句之间是通过 which、where 等连接词，来确定它们之间的逻辑关系。

4 汉英互文性的差异对英文写作教学的启示

首先，汉英段落结构上的差异，要求在写作教学中不仅关注语法错误和用词的准确性，同样汉英语篇结构上的讲解也非常重要，只有这样才能保证学生更容易理解和规范英文篇章；其次，包括篇章衔接手段的教学和用于表达连接方式的连接词的学习也是非常必要的。

5 结 语

对于中国学生来说，英语学习不仅是语言知识的学习，同时也是对西方文化和思维模式的认知，唯有如此才能真正掌握并灵活使用这门语言。了解汉英互文性在逻辑序列上的差异能加深对英语语言的理解，这一点无论对教师还是学生都大有裨益。

参考文献

[1] DRESSLER B D. Introduction to text linguistics [M]. London: Longman, 1981.

[2] HASAN H. Language, context and text: aspects of language in a socialinguistic perspective [M]. Victoria: Deakin University Press, 1985.

情感过滤假说对大学英语慢班教学的启示

王劲松*

摘要：著名语言学家克拉申的情感过滤假说指出，学习者的学习动机、自信心和焦虑感会直接影响其在语言习得过程中对语言输入的吸收。根据这一理论，在大学英语教学中，尤其是对英语慢班学生的教学中，教师更应设法帮助学生降低焦虑程度，增强学习动机和自信心，从而提高其英语学习吸收效率以获得预期的语言学习效果。

关键词：情感过滤假说；大学英语教学

1 引　言

情感因素对外语学习的作用显而易见。如果学习者有强烈的学习愿望和明确的学习目标，他们在学习中就会积极主动，即使遇到困难也会设法克服，因此获得较好的学习效果。反之，如果学习者缺乏动力和信心、焦虑感过强，则会严重影响语言输入和吸收的效率。因此，在大学英语教学中，尤其是对英语慢班学生的教学中，情感因素的影响尤其应该受到重视。

2 情感过滤假说简介

情感过滤（the affective filter）的概念最早是语言学家杜莱（Dulay）和伯

* 王劲松，北京工商大学外国语学院，主要研究方向为语言学、教学法。

尔特（Burt）在1977年提出的，旨在解释情感因素对第二语言习得产生的影响。他们指出，情感过滤是一种内在处理系统，会潜意识地通过情感因素妨碍学习者对语言的吸收。20世纪80年代，语言学家克拉申在此基础上提出对第二语言习得研究产生重要影响的五个假说：习得—学得假说、监控假说、输入假说、情感过滤假说、自然顺序假说。根据输入假说，第二语言习得过程包括输入（input）、吸收（intake）和输出（output）。克拉申强调输入必须是可理解的输入，但是大量的可理解性输入并不等于学习者就可以学好目标语言，因为习得的过程还受到很多情感因素的影响。根据情感过滤假说，这些情感因素就像一个“过滤器”（filter），所有语言输入都要经过这个“过滤器”，只有那些没有被过滤掉的输入才能到达学习者的语言学习机制，才有可能被学习者吸收。情感过滤的效果越弱，到达学习者的信息就越多，学习效果就会越好。反之，第二语言学习效果就会越差[1]。在情感过滤假说中，所说的情感因素主要包括学习动机、自信心和焦虑感。在可理解性输入的其他条件相同的情况下，学习动机明确、自信心强、焦虑感弱的学习者能够获得更好的学习效果。

3 本校英语慢班现状及应对方法

按照因材施教的原则，本校大学英语教学采取分级教学的方式进行。非英语专业学生根据入学后的英语分级测试成绩分为十级，其中成绩为一级至四级的学生编为慢班。慢班学生在英语学习方面的主要特点是：学习动机不足、缺乏自信、焦虑感过强。

学习动力不足的主要原因是学习动机不强。动机（motivation）是指引起和维持个体活动，并使活动朝向某一目标的内部动力。动机分为内在动机和外在动机。内在动机是活动本身产生的快乐和满足引起的，不需要外在条件的参与。外在动机是活动的外部因素引起的。内在动机强度大，持续时间长；而外在动机持续时间短，往往带有一定的强制性。这两种动机相结合才能对个人行为产生更大的推动作用。而慢班学生的动机明显不足，尤其是内在动机，这与他们以往的学习经历不无关系。他们几乎未对外语学习产生过兴趣，而只是由于升学的需要和家长的强制要求这些外在动机而被迫学习。在这种情况下，尤其是当学习方法欠妥时，很难取得良好的学习效果。外语学习活动本身无法给他们带来任何快乐和满足，因此也就无法形成有力的内在动机。同样，由于比较失败的外语学习经历，很多慢班学生在外语学习上表现得缺乏自信而充满焦虑感。即使在外语课上，他们也尽量避免用外语交流，因为担心说错，担心自己的语音语调不标准而被嘲笑。

针对慢班学生这些特点，教师应该特别关注情感过滤作用。首先，应该加强学生学习外语的内在动机，帮助他们认识学习外语的主要目的不是应付考试，而是为自己的未来提供更多的选择和可能。另外，学好外语才能更好地传播中国文化。其次，要设法帮助学生在外语学习上建立自信和降低焦虑感。这首先涉及语言输入材料的选取。根据克拉申的输入假设理论，可理解性输入应该略高于学习者的现有理解水平。因此，教师在选取材料时，务必要从学生的实际水平出发。过难的材料让学生产生严重的焦虑感和挫败感，而过于简单的材料又无法让学生产生获得感。此外，为了降低学生的焦虑程度，还应注重学习的过程性评价，而不是用一次考试来评判他们的语言学习效果。

4 结 语

在外语教学中，特别是慢班的教学中，教师尤其要关注情感因素对语言学习的影响，设法降低情感的过滤作用，提高学生的语言学习效率。

参考文献

[1] 贾冠杰. 论克拉申的输入假设在我国外语教学中的应用 [J]. 解放军外国语学报，1997 (3)：6－10.

基于 iTEST 智能测评云平台网络机考的研究

——以北京工商大学为例

王晓薇*

摘要： 考试是对学生所学知识和知识应用能力检验的重要方法，是高校教学实践中必不可少的环节。随着高校信息化技术的不断深入，网络机考逐渐取代传统的口试、笔试，日益成为高校教学中新的考查学生知识水平和能力的方式。[1]本文以北京工商大学外国语学院采用 iTEST 智能测评系统对人工智能学院专业网络机考测试为例，论述了网络机考考试方式、特点和实施过程，并分析了测评系统的优势和实施过程中存在的问题。

关键词： iTEST 云平台；网络机考

1 网络机考测试的意义

“十四五”规划期间，北京工商大学外国语学院（以下简称“学院”）的核心工作之一是提升全校大学英语四级、六级考试通过率、出国深造及毕业生质量等建设目标，为了推进学校本科人才培养的“469”标志性指标取得新突破，激励学生学习英语的兴趣，全面提升英语能力和水平，以考促学和全面科学评估学生英语水平的需要，学院利用 iTEST 智能测评系统对人工智能学院专业分流进行了一次网络机考测试活动。

---

* 王晓薇，北京工商大学外国语学院助理工程师，主要研究方向为外语电化教学。

2 网络机考的技术支撑

本次网络机考是基于 iTEST 智能测评云平台进行。作为高校外语教学提供在线测评资源与服务的一站式测试云系统，支持各类规模、多种模式的考试及日常训练等多种应用场景，提供听、说、读、写、译全题型的智能评分，为院系建立多维度评价体系、进行数字化教学评估提供专业的解决方案，为高校创新教学模式、开展课题研究提供强有力的支持与保障。iTEST 智能测评云平台服务器端和学生端配置有两种方式，C/S 模式和 B/S 模式[1]。

C/S 模式是在校内服务器上安装考试系统，每一台学生考试机安装客户端程序。考试时，学生启动考试程序，登录考试账号答题，考试数据随时传到学校本地服务器存储，考后统一上传到云端服务器自动阅卷。这种模式的优点是考试时不需要访问外网，能够有效地避免集中访问外网造成的拥堵，保障考试的顺利进行。

B/S 模式要求所有的考试流程——考前、考中和考后都链接外网，学生考试时通过登录外网，在浏览器输入指定的考试网址，按照页面要求登录考试账号答题、提交答案、云端服务器端自动阅卷。这种模式的优点是不用单独为考试准备校内服务器和安装考试系统，也不需要学生机安装客户端软件。

本次测试采用的是 B/S 模式，只需要使用现有语音教室，无须加装服务器和安装学生客户端，使用简单、费用投入小。

3 网络机考测试的组织与实施

2020 年 12 月北京工商大学外国语学院和人工智能学院联合举办了 2020 级电子信息类 6 个班共计 180 名学生参加的 iTEST 英语网络机考测试活动。

北京工商大学外国语学院和人工智能学院的两位副院长一起精心策划并组织了此次测试活动，由大学英语教学团队主任、语言实验室老师、教学秘书、监考老师及测试系统方技术人员，共同组成网络机考测试保障团队。他们考前通过微信会议等渠道沟通考试的各个环节流程及考试过程中可能遇到的各类问题的解决方案，对负责出题的老师进行了网络机考组卷方法的培训。考试过程中，团队全体教师提前到位、分工负责、密切配合，保证此次网络机考测试顺利完成。

4 网络机考测试对比传统测试的优劣

校内公共英语考试如果按照传统的考试组织，需要老师命题、按考生分级情况安排考场，印刷试卷、试卷保密和保管、组织考试、阅卷评分、公布成绩等多个环节，因此考务组需要调动大量的师资力量进行调配组织[1]。

网络机考测试是无纸化考试，不仅节省了大量的考试纸张资源，而且由于系统可以将同一套试题，生成多套先后次序不同的试卷，避免相邻考生的抄袭，大幅减少了监考人员和考务人员的数量。系统自动阅卷、自动整理统计、自动生成考试结果的功能，可以大幅度减轻教师的阅卷工作量、提高阅卷效率。

通过此次测试活动，认识到网络机考测试有助于学校组织各类全校性标准化外语考试，通过考试迅速、全面、准确地了解和评估学生的外语能力；方便教师随时组织各类班级测验，进行多维度的测试统计分析，准确把握学生水平，及时定位问题并给予针对性指导；学生通过有针对性的训练，能够快速提升外语能力。

5 结 论

此次网络机考测试工作圆满完成，iTEST 不仅提供题库与考试支持，还提供专业、细致的测评服务，为今后入学分级测试，期中、期末考试及大学英语四级、六级考试等全校大型网络机考模式全面推广进行了深度的探索和尝试。充分利用信息技术进行无纸化测评，创建大学英语课程动态评价模式，对学校的大学英语教学改革和课程教学质量的提高具有促进作用。

参考文献

[1] 周敦凯. 基于 itest 测试系统在高校无纸化考试应用研究 [J]. 科技风，2020 (3)：35.

新冠肺炎疫情防控期间线上大学英语教学方式的比较

王晓薇[*]

摘要：受新冠肺炎疫情的影响，线上大学英语教学模式成为“停课不停学，停课不停教”的有力保障。本文结合新冠肺炎疫情期间线上大学英语教学实践，从辅助教学的角度对线上大学英语教学的现状进行分析，并针对问题给出建议，助力后新冠肺炎疫情防控期间线上大学英语教育教学水平的提升，推动教学模式改革。

关键词：疫情防控；线上教学；教学模式

1 新冠肺炎疫情防控期间线上大学英语教学开展状况

2020年春季新冠肺炎疫情防控期间，为响应教育部号召“停课不停学，停课不停教”，春季教学全部采用线上授课方式。由于北京工商大学（以下简称“我校”）原有大学英语平台为内网访问，学生在家访问需要通过虚拟专用网络（Virtual Private Networks，VPN）很不方便。为满足学生线上学习的需要，按照学院的部署，在新冠肺炎疫情期间采用了外语教育与研究出版社（以下简称“外研社”）的“U”校园智慧教育云平台和校内旧版大学英语平台并用的模式，为我校外国语学院的公共英语教学提供线上教学支持，保障广大师生顺利完成大学英语线上教学和学习的任务。并且还首次使用“U”校园大学英语平台圆满完

* 王晓薇，北京工商大学外国语学院助理工程师，主要研究方向为外语电化教学。

成了春季开学远程双机位的补考、重考任务。

2 两种线上大学英语平台的比较

2.1 两种平台管理方式的比较

两种平台的管理方式不同，在“U”校园智慧教育云平台上，老师和学生的所有信息都需要由管理员套用多个模板进行逐一导入。作为用户的教师和学生只需自行注册账号，就可直接进入所在班级。学生可以在线提交教材激活码，自动验证。忘记登录密码还可以使用手机号码找回。并且随着教学的开展，分班学生的人数是可以随时变化的，因此需要管理员随时对系统中数据进行调整。

使用校内老平台管理员需要新建本学期所有的班级，为班级添加教材，老师和学生自己编辑个人信息，自己加入班级。受新冠肺炎疫情影响，学生购买教材不能及时到位，使本来要统一批量完成的激活验证码的工作变得非常零散。

2.2 两种平台的优缺点

“U”校园智慧教育云平台的优点是师生远程访问外研社服务器进行教学与学习，并且配合老师版和学生版手机 App 使用，实现随时随地进行辅导和学习。计算机不需要旧版大学英语平台必须安装语音插件和小程序，方便学生在家或者宿舍随时进行口语练习。

“U”校园智慧教育云平台的缺点是，由于“U”校园智慧教育云平台是基于网络的云平台设计，全部依赖网络进行，导致它无法移植到校内使用。在每周四天本校公共英语延续课集中授课的时段，学生使用“U”校园智慧教育云平台需要上外网。在全校白天同时上课的时段，外网的压力很大，一旦高峰时段，可能出现网络拥堵，造成学生在线学习时，音视频不流畅，延时卡顿等现象，严重时还会发生网络中断的情况，影响教学的顺利进行。

3 新冠肺炎疫情防控期间 线上大学英语教学的问题和建议

在此次新冠肺炎疫情特殊时期的线上学习既是机遇也是挑战[1]，新冠肺炎疫情期间线上大学英语教学模式在一定程度上解决了教学需求，但也有不足。

3.1 基础设施方面

鉴于线上大学英语教学借助互联网等平台进行，一方面，加快更新校内服务器、网络交换机和学生计算机等局域网硬件设备是保障线上教学的有力措施；另一方面，应鼓励各高校自行补充优质课程资源和自建试题库并促进各高校间资源共享。

3.2 师生使用方面

线上大学英语教学要求师生熟练使用平台的各种功能，因此定期做线上教学平台的培训和指导，协助教师完善线上授课方式，提高线上教学质量。

3.3 人员储备方面

随着实验室建设的不断发展创新、各种教学平台的完善及未来机考的普及，我们对计算机服务器及各种教学平台日常运行维护提出更高的要求，高端技术型管理人才的短缺日益成为亟待解决的问题。

4 结 语

新冠肺炎疫情防控期间线上大学英语教学模式的变化推动了高校在互联网信息时代教育下的重大变革，有力地促进教师教学理念转变，推动教学模式改革[2]，充分利用网络资源探索适合师生的教学模式和教学方法，提高在线教学水平和教学质量，提高学生的英语应用能力，结合当下资源开发更优质的线上教学平台，更好地服务未来的智慧教学和线上大学英语教学。

参考文献

[1] 焦建利，周晓清，陈泽璇. 疫情防控背景下“停课不停学”在线教学案例研究 [J]. 中国电化教育，2020 (3).

[2] 武喆.《大学英语》疫情防控期间 U 校园大学英语线上课堂教学模式探究 [J]. 黑河学院学报，2020 (9).

大学英语四级考试翻译难点及应对策略

艾丽娜[*]

摘要：2013 年大学英语四级考试的翻译题进行了较为彻底的改革，题目由原来的句子翻译到段落翻译，翻译难度加大，分值加大。这次题目的改革对考生来说是个不小的挑战。通过课堂教学发现，同学们普遍理解翻译就是词对词的对应替换，造成译文不符合英语表达习惯，生硬牵强。本文以大学英语四级考试中的翻译题为例，解析做题过程中的难点及应对策略。

关键词：文化差异；表达差异；逻辑差异

翻译是在对两种语言准确理解的基础上表达和转化的过程，需要了解两种语言的表达差异、文化差异和逻辑思维差异，并在忠实原文的基础上，流畅地从一种文字转换成另一种文字。大学英语四级考试中的翻译题，要求忠实原文的内容思想、无错译、漏译、曲解，以及译文通顺流畅。要做到以上要求，前提是考生理解中国文化，关键是了解英汉在表达习惯方面的差异，目的是将题目按照英语表达习惯翻译出来。在做题的过程中，尽量避免母语的影响，更多地考量英语的表达方式，切勿逐词对应生硬替换。

1　正确理解中国文化

大学英语四级考试的翻译题进行了较为彻底的改革后，题目中植入了中国文化方面的内容，如名胜古迹、名山大川、风土人情、饮食习惯等。这些看似

* 艾丽娜，北京工商大学外国语学院讲师，主要研究方向为英语教育。

熟悉的话题翻译起来却难度不小。在教学过程中发现，很多学生对中国文化并不了解，缺乏必要的积累，翻译时常闹笑话。中国的长城不仅是中国的文化遗产，同时也是世界的文化遗产。有些学生把长城翻译成 long city，这足以证明学生对中国文化了解的匮乏。对原文理解不准确必然导致译文的错误。还有些同学对中国民俗不了解，如 2019 年 6 月大学英语四级考试的翻译题的主题是灯笼，有些考生不了解灯笼和元宵节的关联，导致元宵节一词翻译不出。还有一些误译是由文化差异造成的，如 2020 年 9 月大学英语四级考试的翻译题的主题是茅台酒，很多考生把白酒误译成 white wine 而不是 liquor。由此可见，在翻译的过程中，文化差异是必须正视的问题，理解偏差必然导致译文错误。

2 英汉表达习惯差异

英汉两种语言差异较大，若不了解英语的表达习惯，只是按照中文的习惯和表达方式进行翻译，译文必然是逐词对应的中式英语。因此，了解英汉表达差异是翻译的关键。

（1）英语重结构，汉语重语义。和英语相比，汉语的语法规则较少，表达时更注重达意。英语则必须按照语法规则组句。

（2）英语多长句，汉语多短句。树状结构是英语的突出特征，很多枝叶可以共生在一个树干上，许多意思可以放在一个长句中表达，很多修饰和补充成分通过各种语法结构连接起来，因此英语长句较多。而汉语的语义多用字词直接表达，修饰性成分多前置，而前置空间有限，因此汉语多短句。

（3）英语多从句，汉语多分句。英语不仅可以在简单句中使用很长的修饰语使句子变长，同时也可以用从句使句子变复杂，而这些从句通过从句引导词与主句连接，整个句子从表面看错综复杂确是一个整体。汉语则更喜欢短句，表达结构相对松散。

（4）英语多代词，汉语多名词。由于英语多长句，为了结构正确，语义清楚，还要避免重复，多使用代词。而汉语多短句，结构较松散，为了准确表达语义不能用太多的代词。

（5）英语多被动，汉语多主动。在英汉两种语言中，都有主动和被动两种语态。但是，在英语中被动语态的使用频率要远远高于汉语。

（6）英语多变化，汉语多重复。汉语喜欢重复，英语崇尚简洁。汉语的重复作为一种修辞手段有两种作用：一是为了强调而重复表达一个意思，或增添修饰语，加强语气；二是为了便于词语搭配，或平衡节奏，增加可读性。这些在汉语里习以为常的重复词语或句式，如果用英语表达则要么不合逻辑，要么累赘冗长。

（7）英语多抽象，汉语多具体。汉语里名词倾向于具体，常常用实的形式表示虚的概念，以具体的形象表达抽象的内容；而抽象名词的大量使用，是现代英语的一个特点。

（8）英语多引申，汉语多推理。英语单词的语义表达非常灵活，只有在具体语境中才能准确理解。

3 英汉表达习惯对比

（1）从组句方式来看，英语重结构，汉语重语义。英语常按句内主次从属关系排列，在句子主体上，添加修饰语及限定语，形成严谨的树状结构。而汉语动词多，短句多，常按时间顺序或前因后果的逻辑关系排列，呈链状。

（2）从连接方式来看，英语是显性连接，即连接词出现，体现为形合（hypotaxis），而汉语是隐性连接，即连接词很少出现或不出现，这体现为意合（parataxis）。英语和汉语结构方面的差异要求我们在翻译的时候，正确判断句子之间的关系，补充连接手段，实现显性连接，掌握内在联系，正确断句，正确安排句子基本框架，主次清楚，符合原意。

4 词汇积累是基础

在翻译过程中，除了注意文化差异、表达差异和逻辑差异以外，必要的词汇积累也很关键。平时不积累，词汇匮乏，翻译时笔下无词，无从表达。同时，也要灵活处理词汇，中英两种语言词汇并不对等。当英语中没有直接对应的词汇时，要采用转换词性或意译的方式灵活处理。

中西方文化差异，英汉表达习惯的差异给翻译带来了难度。需要考生尽量避免母语的影响，在充分了解原文语义的条件下，处理原文句子，正确断句、合句和找准主语。理解原文中的语言现象和逻辑关系，注意汉英两种语言的不同表达习惯，综合翻译技巧进行翻译。

大学英语课程思政的研究现状

马晓彤*

摘要：为了响应习近平总书记关于加强高校思想政治教育工作的要求，大学英语课程思政的研究在学界兴起。该研究从大学英语课程思政的可行性、必要性，专业教材建设和课程思政的实践路径三方面，梳理和分析了近年来大学英语课程思政的研究现状，并提出未来的研究方向，旨在更好地推动大学英语教师的思政教学实践和研究。

关键词：大学英语；课程思政

1 引 言

《高等学校课程思政建设指导纲要》的出台进一步明确了国家对于高校课程思政建设的要求。如何将大学英语与思政教育有机地结合起来，成为很多大学英语教师需要应对的挑战。同时，不少学者对大学英语课程思政进行了探索和研究，笔者旨在通过对近年来的相关研究进行梳理和分析，总结大学英语课程思政的研究现状，并探讨未来的研究方向。

---

* 马晓彤，北京工商大学外国语学院助教，主要研究方向为外语课程和外语教师教育。

2 相关研究

2.1 大学英语课程思政教学改革的可行性与必要性

很多学者对大学英语的课程内涵、特点及课程思政的概念进行了解读，认为将思政教育与大学英语相结合具有可行性和必要性。李平等指出大学英语课程的人文性与思政教育具有较高的契合度，要求学生在学习世界文化知识的同时，能够辩证地对待中外文化，培养文化自信[1]。此外，傅荣琳和刘晓阳都提到作为一门必修公共课，大学英语的特点是“课时多、历时长、覆盖面广”，因此更容易与思想政治教育产生协同效应[2,3]。也有学者提出，大学生在英语课上，常常受到西方文化影响，产生价值观的碰撞。所以，大学英语课程思政是十分必要的，教师应该通过英语教学，引导学生形成正确的人生观和价值观。[4]

2.2 大学英语教材与课程思政

针对现有教材对实现大学英语课程思政功能的影响，不同学者有截然不同的看法。安秀梅和沈轶认为，各版本的教材都存在中国文化明显缺失，欧美文化“独霸”的问题，这使教师无法很好地融入课程思政元素[4,5]。其他学者结合自身学校选用的《新视野大学英语》系列教材分享了如何结合性别平等成功之路等单元话题，提炼德育主题来引导学生通过回答问题、小组讨论等多样化的方式进行深层次的思考和讨论[6,7]。因此，作为教师如何辩证地对待现有教材，将相关主题引入中国语境进行积极有效的思想政治教育，使教材既能体现目的语的文化，又能包含母语的文化教学是值得广大学者进一步思考和讨论的。

2.3 大学英语课程思政的实践路径

多名学者基于自身经历和当下的社会情况从宏观、微观不同角度探索了如何在大学英语课堂上融入课程思政。首先，要通过切实的评价考核机制、团队合作来加强教师队伍的“思政意识”和“思政能力”[3]。其次，课程思政也应该充分利用现代信息教育技术手段，如混合式教学、“线上金课”建设等都可以成为思想教育的阵地[8]。此外，明焰和徐冰心等学者聚焦于具体的听力、写作课堂，强调要突破功利的语言学习及浅层次的语言互动，引入时政热点，搭建好语言学习的“脚手架”，通过有效提问等方式创设语境，融入更多思辨性活动[9,10]。

3 未来研究方向

近年来，课程思政的研究在学界兴起。学者从不同角度探索了相关的理论和实践，对一线的大学英语教师很有借鉴意义。同时，笔者认为目前的讨论以基于个体教学情景的行动研究为主，未来可以增强相关领域的实证研究，形成更加系统性、科学性的理论指导。

参考文献

[1] 李平，王聿良，吴美玉，等．“大学英语”课程向“课程思政”拓展的可行性研究［J］．淮海工业学报，2018，16（10）．

[2] 傅荣林．《大学英语》课程思政实践路径探究［J］．才智，2018（36）．

[3] 刘晓阳．大学英语“课程思政”的实施路径研究［J］．吉林工商学院学报，2018，34（5）．

[4] 安秀梅．《大学英语》“课程思政”功能研究［J］．教育文化，2018（11）．

[5] 沈轶．课程思政融入高校大学英语课程有效途径探究［J］．教育文化，2019（4）．

[6] 严婷．大学英语课程思政实践探索——以《新视野大学英语》为例［J］．黑河学刊，2019（5）．

[7] 吴德宇．课程思政在大学英语课堂中的开展探究［J］．科技文汇，2021（2）．

[8] 王芳．基于传承中国精神与文化的大学英语线上课程思政建设［J］．高教学刊，2021（3）．

[9] 徐冰心．通过提问将“课程思政”融入大学英语课堂［J］．英语广场，2020（35）．

[10] 明焰．“课程思政”理念下的英语听力教学改革研究［J］．海外英语，2020（23）．

浅谈以任务为主导的大学英语课程设置

侯　霞*

摘要：大学英语是我国高等教育体系中一门非常重要的公共课，公共英语作为通识课，如何将其教学任务进行定位并合理地设置课程是广大英语教师十分关心的问题。北京工商大学公共英语课是以全国大学英语四级和六级考试为主导的课程，将帮助学生达到国家制定的英语能力级别考试的要求，作为本校的英语教学任务，在此基础上拓展学生的知识面、提高学生的英语实际应用能力并提升语言文化素养，从而全面提高大学英语的教学质量。本文将根据笔者经验，探讨北京工商大学大学英语课程的各个阶段的细化目标任务和实施方法。

关键词：大学英语；教学任务；课程设置

1　大学英语课程的细化目标任务

1.1　大学英语课程的教学目标

大学英语课程是学生从中学的外语基础教育阶段到就业后实际应用外语的过程中的一个重要的过渡，这一环节的关键点是帮助学生培养扎实的语言应用能力，在将来的学习和工作中，灵活运用语言工具完成学习和工作的任务，因此大学英语课程的核心目标是逐步培养学生的英语实际应用能力。具体到北京

---

* 侯霞，北京工商大学外国语学院讲师，主要研究方向为英语教育。

工商大学，学生的首要任务是达到全国大学生英语四级、六级考试的要求，在此基础上拓宽知识面、增加跨文化知识的积累、提升生活技能英语和学术英语、职业英语的水平。

北京工商大学的学生在大学英语的学习过程中，最主要的目标是通过完成全国大学生英语四级、六级考试的要求，将听、说、读、写、译这五方面的能力在中学学习的基础上进一步巩固，做细致化和专业化的提升，以满足本科毕业后研究生科研或就业后职业英语能力的需求。

1.2 大学英语课程各阶段的教学任务

大学英语课程分为四个学期，在每个学期的教学过程中，应根据学生的基础设置不同的侧重点，以大量的训练不断强化某一方面能力的培养，其他方面的教学作为辅助。具体来说，学生初入大学的第一学期最需要的是做好中学课程和学习方法过渡到大学的衔接，要强化良好的学习习惯的培养及语言使用的准确性；之后的重点应为帮助学生尽快适应全国大学生英语四级、六级的考试要求。这不仅有助于学生英语能力的提高，对学生将来参加研究生入学考试和就业都有益处。学生进入大学高年级后，将面临毕业设计和考研、就业的选择，英语教师应在教学中，引入学术英语和职场英语的内容，为学生提前做好各方面的准备。

2 大学英语课程设置

大学第一个学期的英语课程的主要目标是从中学英语到大学英语的过渡。就北京工商大学学生而言，补足语言能力方面的短板是重中之重。经历过高考的应试训练，在听、说、读、写、译五项能力中，学生的阅读能力普遍最强，听、说能力最弱。因此，第一学期应以听、说能力的培养为重点、辅以翻译训练，其中听和朗读最为重要，大量的听写、朗读和发音的训练是第一学期的核心任务，以帮助学生摆脱“哑巴英语”。此外，翻译能力的培养也很重要，通过翻译训练可以培养学生区别英语和中文的表达方式的不同，养成正确的翻译习惯，去除第一语言在表达中的错误影响。第二学期应以报刊阅读和写作为主设置课堂内容，旨在强化语言应用能力、准确掌握词汇。在培养良好的语言学习习惯的基础上，第三学期应以学术英语或职场英语的内容为重点，并进行大量的英译中训练，丰富知识面、增加词汇量。第四学期是对前三个学期培养的能力的检验，检验标准是全国大学生英语四级、六级考试，前三个学期找到的好的学习方法都可应用其中。

3 结 语

大学英语课程的教学安排是在实践中不断调整和完善的，教师应按照所在学校的具体办学目标和人才培养计划合理安排课堂内容，提高教学质量，满足学生英语学习的需要。

“新文科”背景下大学英语课程思政的“点、线、面、体”探讨

杨雪莹*

摘要：本文探讨了在“新文科”背景下大学英语课程的思政元素融入应遵循“点、线、面、体”的构建体系，通过思政点的梳理与筛选，穿点成线的思政有机融入，铺线成面的外语思政体系构建，连面成体的跨学科协同发展，充分调动教师、团队、学院与学校对接协作，实现“大学英语+专业学科”协同下的知识、能力与价值培养。

关键词：“新文科”；大学英语；课程思政

2017年，希拉姆学院于首次提出“新文科”概念。“新文科”提倡在信息化时代突破传统文科模式，促进和推动多学科的融合与重组，从学科导向转为需求导向，从单独专业转为学科融合，从适应需求转向引领方向，进一步培养跨学科优秀人才[1]。习近平总书记对高校教育提出“以树人为核心，以立德为根本”的要求，大学英语面向全校学生，语言学习更与文化交流和价值观碰撞息息相关。因此，在文科创新建设的背景下，如何用外语讲好中国故事，向世界介绍和展示中国，通过语言文化的学习培养学生的文化自信与价值认同，实现语言能力在知识、能力、价值层面的充分培养，一直是大学英语发展的重要课题。

* 杨雪莹，北京工商大学外国语学院讲师，主要研究方向为英语教学、二语习得。

1 “课前课后”多角度挖掘打磨思政点

在具体的教学实践中，教师能够从多个角度挖掘出蕴含在语言知识中丰富的思政闪光点并进行跨学科元素拓展。以外语教学与研究出版社《新标准大学英语》第一册第二单元 *Food*，*Glorious Food*!（《美食佳肴》）为例，从价值观培养角度可结合国家“光盘行动”倡导培养学生的节约意识，从文化对比的角度带领学生对比中西饮食文化，从文化身份认同角度类比描述巧克力历史发展的课文 *Chocolate*（《巧克力》）引导学生探究中国“茶文化”的历史。教师通过课前对思政内容的挖掘，以及课后对思政呈现效果的再梳理，筛选出更好的设计与方式，并结合时事不断更新打磨，避免一套内容讲到底。因此，在“新文科”趋势下，大学英语教师应首先提高自身的思政意识和敏感度，同时掌握更多、更全面的跨学科知识，强化专业能力，拓宽思政视野。

2 加入还是融入?

在课程思政的融入上，比起直接加入一个“为思政而思政”的模块，以更灵活的方式呈现思政元素，思政融入会更加自然有效，从而避免过于集中和僵化的呈现，造成内容割裂枯燥。思政在教学设计中的位置、方式与载体上应“因地制宜”并赋予教师一定的自主性，通过在教学实践中的不断调整以实现思政设计在大学英语课堂中隐性、自然地融合，授之以语言及思政之“渔”。同时，适应“新文科”及“互联网 +”发展趋势，可充分结合适当互联网内容及新技术手段，利用慕课、微课、翻转课堂等多种教学模式，实现思政的课内外衔接与延伸。

3 上下承接，铺线成面，将思政贯穿课程

外语思政体系的建设更需要实现课堂实践与顶层设计的上下对接。在“新文科”趋势下，关注教师对思政元素的融入与呈现的同时，更需要教师与学院的通力协作，从细化教学目标到完善顶层体系设计，上下齐动完善外语思政教学体系，在教学目标、方法、过程及评价上以学生为思政主体，将思政意

识贯穿始终，通过不断优化逐渐形成成熟立体且衔接自然的外语课程思政。在评价体系建设上，需考虑思政对学生长期、隐性和深远的影响，且在“新文科”背景下学科间课程思政对学生的综合性影响，实现跨学科协同效应。

4 连面成体，多学科协同的思政“生长环境”

为适应“新文科”人才培养模式的调整，大学英语作为面向全校各专业的课程，具有很强的包容性，在实现其与不同专业的交叉融合方面独具优势。推动学科融合下的课程思政，与学校的专业人才培养目标相呼应，构建“大学英语+专业学科”的培养方案并充分有效地发挥其育人的作用，实现从跨学科维度对学生专业知识，综合能力，思想道德的全方位的培养。在多学科协同作用下构建“大思政”格局，为课程思政对学生立体的、深远的影响创造良好的“生长环境”。

思政融入应循序渐进、潜移默化、润物无声。挖掘立意点，连点成线，铺线成面，连面成体，进而在“新文科”建设背景下的大学英语课堂上培养扎根祖国、放眼世界的优秀人才，从而使大学英语在实现“立德树人”的根本任务中发挥更大的作用。

参考文献

[1] 王铭玉，张涛. 高校新文科建设：概念与行动 [N]. 中国社会科学报，2019-03-21 (4).

非英语专业研究生口语需求与 POA 理论指导下的教学操作

赵　聃*

摘要：外界环境对研究生英语能力，尤其是语用能力的要求越来越高，如何利用课堂提高研究生的口语能力是研究生英语教学迫在眉睫的任务。本文以北京工商大学 2021 级非英语专业研究生教学为例，分析口语教学中学生需求及教学中遇到的问题，并且尝试在 POA 理论指导下，寻求解决的方法。

关键词：非英语专业研究生；口语教学；POA 理论

外语教学的最终目标是培养学生具备在不同环境和场合中，与他人进行口头或书面交流的能力。利奇（Leech）将语言能力分为语用语言能力和社交语用能力[1]。前者以语法能力为基础，即语言的使用规则。而另一种语言能力——社交语用能力，是指遵循语言使用的社会规则进行得体交际的能力，是更高层次的语用能力。当今外界环境对研究生英语能力，尤其是语用能力的要求越来越高，如何利用课堂提高研究生的口语能力是研究生英语教学迫在眉睫的任务[2]。因此，培养学生的语用能力应该是外语教学的重点所在。

1　研究生对口语学习的需求

英语口语对学生，尤其是研究生的重要性近年来日益凸显，如参加以英语为工作语言的学术会议；专业课上不仅要阅读文献还要做各类 book report（读

---

* 赵聃，北京工商大学外国语学院讲师，主要研究方向为英语教学、英语文学等。

书报告）、presentation（研讨会）和 seminar（研讨会）等。研究生对于口语学习有着极大需求。

北京工商大学 2021 级非英语专业研究生的需求调查

笔者对北京工商大学 2021 级非英语专业研究生的英语口语需求展开了问卷调查。对象为非英语专业一年级学生，涵盖了理工科、商科、文科等共计 100 人。分别让学生填写“非常有需求”“有一定需求”和“基本没有需求”。问卷内容如下：

问题 1：现在日常生活中对英语的需求？问题 2：现在学术学习中对英语口语的需求？问题 3：现在日常生活中对英语口语的需求？问题 4：现在学术学习中对英语口语的需求？问题 5：你认为未来工作中对英语口语的需求？问题 6：你认为研究生阶段开设专门听、说课的需求？

根据以上调查，上述 6 个问题需求型（即非常需求 + 有一定需求之和）占比分别为 90%、88%、80%、96%、95% 和 91%。分析数据可以清晰地看到，从学生角度出发，对于英语学习，尤其是口语学习有着很迫切的需求，然而相对较低的是现在日常生活中对口语的需求。

2 研究生口语的教学现状

调查中显示的这种极大需求，刚好和学生的口语现状和口语教学形成极大的反差。英语口语的教学一直是我国英语教学的弱项，本科生阶段尚有一些视、听、说课，到了研究生阶段，基本没有一所学校专门开设口语课程。

再从学生的情况来看，很多学生笔试高分及累计了大量的词汇，但输出时口语错误百出。不少学生逃避口语话题，缺乏主动性；回答问题时，仅停留在问题表面，回答简略；如果是小组讨论，不少同学用中文表达想法；还有不少同学认为自己口语较差，一直保持沉默。从语言内容而言，或存在语音和语调问题或存在连音爆破问题或存在词汇量偏小无法深入表达或逻辑性组织结构较差问题，尤其是在一些不熟悉的话题中，缺乏必要的口语表达技巧和策略，不能完成特定环境下的口头交流[3]。

3 研究生口语提高的解决之道

如上所述，阅读和口语的鲜明反差其实是学习能力和语言能力的平衡及输入和输出的结合。文秋芳教授提出产出导向法（production-oriented approach，POA）中的 production（产出）[4]。克拉申（Krashen）认为，输入是语言习得的决定因素，强调互动能够提高输入的可理解度、获得对方的纠正性反馈等[5]。但是，仅凸显外语学习的某个环节，教师难以将其整合在课程教学中“落地”。而 POA 的综合施策覆盖教学的各个环节（驱动—促成—评价），使各环节环环相扣，步步相连，便于教师将教学落到实处。

依据 POA 理论，发挥教师主导作用，加强教学设计，确定各章节教学目标，按照“反向设计，正向实施”的思路，根据学生对学术方面的口语需求和毕业后工作中的口语需求来确定课程教学目标，倒推设计每个章节的教学目标，然后根据章节教学目标对口语学习任务进行设计[6]。

笔者在 2021 级春季研究生的教学中，首先，纠正语音语调、发音原则；其次，展开不同类型的“英语角”，包括与学生一对一谈话，学生之间一对一谈话，学生四人小组圆桌主题讨论，二对二主题辩论。在主题选择上，按照教学目标，设置学术性专业话题，如经济结构、无纸化支付、数字人民币等内容，以及设置一般性讨论话题，如环境保护、灾难性新闻等内容。

在 POA 理论指导下，在小组合作学习过程中，通过任务驱动将学生的被动学习转变为主动学习，通过目标设定、任务驱动、活动设计等环节培养学生口语学习的元认知意识，以此形成口语学习的自主性和自动性。

参考文献

[1] LEECH G. Principles of pragmatics [M]. London: Longman, 1983: 49 - 50.

[2] 冯涟漪，吴蕾．大学英语口语教学初探 [J]. 外语界，2005（2）：23 - 26.

[3] 尤其达．改进视听说教学的尝试与反思 [J]. 外语界，2005（4）：48 - 51.

[4] 文秋芳．构建产出导向法理论体系 [J]. 外语教学与研究，2015（4）：547.

[5] KRASHEN S, TERREL T D. The natural approach [M]. New York: Pergamon Press, 1983: 32.

[6] 俞琤．基于 POA 理论的大学英语演讲课程教学实践 [J]. 东华大学学报（社会科学版），2018（1）：54 - 28.

浅谈大学英语口语教师开展课程思政的教学方法

董　玥*

摘要：课程思政是新时代大学英语教学关注的重点内容。高校英语教师应思考如何在课堂教学中开展课程思政。本文以北京工商大学外国语学院面向商学院全英班学生开设的英语口语课程为例，结合笔者的课堂教学经历，总结教师在口语课堂中开展课程思政的三种教学方法。

关键词：大学英语口语；课程思政；教学方法

1　引　言

近年来，“课程门门有思政，教师人人讲育人”[1]日益成为高校学科建设的重要内容。课程思政这一教育理念的提出意味高校英语教师要承担起更多责任。本文聚焦于课程思政理念在大学英语口语教学中的实践，旨在探讨教师如何在口语课堂教学中有效地落实课程思政，从而培养富有中国心、饱含中国情、能用英语向世界介绍中国的新时代青年。

2　大学英语口语教师开展课程思政的教学方法

笔者以北京工商大学外国语学院面向商学院全英班学生开设的英语口语课

*　董玥，北京工商大学外国语学院助教，主要研究方向为英汉翻译理论与实践、英语教学法。

程为例，根据亲身教学实践经历总结教师在口语课堂中开展课程思政的三种教学方法。

2.1 精心选择思政素材，通过问题任务启发学生

《大学英语教学指南》（2020 版）指出，大学英语教材内容应涉及“社会主义核心价值观和中华优秀传统文化，引导学生树立正确的世界观、人生观和价值观”[2]。因此，教师要在口语课堂教学中合理选择思政素材。

例如，在讲授“环境”的话题时，笔者在中国国际电视台的官网上找到中国问题专家罗伯特·劳伦斯·库恩用英文介绍习近平总书记“两山”理念和生态文明思想的视频资料，该视频配有中英文双语字幕，不仅能让学生了解“两山”理念，还能帮助他们学会“绿水青山就是金山银山”的英文表达。课上，学生观看视频后，教师提出“How should we balance economic development and environmental protection?”（我们应该如何平衡经济发展和环境保护?）的问题，并组织学生进行讨论。有的学生钦佩习近平总书记的“两山”理念；有的学生从个人、企业和国家等角度提出保护环境的措施。可以看出，学生对经济发展与环境保护的关系都有正确的认识，并能用英文阐述其观点。

所以，教师要精心选择思政素材，通过问题式任务引导学生进行讨论，这样既能提高学生的英文表达能力，又能增强其对中国制度的理解与认同。

2.2 用心创设生活情境，通过自主参与有所感悟

《大学英语教学指南》（2020 版）指出，大学英语课程教学应“以教师为主导、以学生为主体”[2]。口语教师可采用情境教学法等多种方法来发挥学生的主体作用，并在教学活动中融入思政元素。

例如，在讨论“电子商务”的话题时，笔者采用情境教学法，为学生举行了一场电商直播带货大赛。课前，学生以小组为单位，选择扶贫产品并准备英文介绍；课上，每组派一到两名“主播”向各位“外国同学”介绍扶贫产品，有的学生为井冈蜜柚带货、有的学生为新疆棉代言、有的学生推荐了家乡当地的大米……他们各显神通，通过英文宣传语、实物展示等方式为扶贫产品带货；课后，有学生在作业中写道，电子商务不仅帮助农民脱贫致富，更是中国为脱贫攻坚开辟的一条创新之路，值得其他国家学习和借鉴。

教师为学生营造贴近生活的场景，并把思政元素融入课堂活动中，这样的

情境教学法不仅能充分发挥学生的主体作用，而且能让他们在参与活动的过程中，感受电商助力脱贫攻坚的独特优势。

2.3 耐心引领学生思考，通过互动交流感染学生

在课程思政建设的背景下，高校教师要与时代同频共振，不断学习和提升自身思想素质水平，挖掘专业知识中蕴含的思政元素并积累相关素材，从而在日常课堂交流中，引领学生思考，感染和启发学生。

例如，在讨论“时尚”的话题时，笔者班上的一位学生介绍了以苗族传统服饰为代表的中国民族服饰。随后，教师用英文给出反馈（以下为中文翻译）：“你为我们介绍了苗族服饰的特点及其背后体现的苗族文化。这不禁让我联想到，今年习近平总书记在贵州考察时为苗绣点赞所说的：‘传统的也是时尚的。’我想，当中国的传统服饰与现代工艺设备相结合，传统的也能走出大山，被更多人喜爱，变得时尚起来。所以我们要继承好和弘扬好中华优秀传统文化。”

笔者认为，教师将思政元素融入师生的日常课堂交流中能潜移默化地影响和感染学生，并给学生以正确的思想指导。

3 结 语

在课程思政建设的背景下，大学英语口语教师要充分挖掘好口语话题中，蕴含的思政元素，以灵活多样的教学方式将其融入课堂教学中。教师在帮助学生提高口语表达能力的同时，也应给学生补充与中国文化、社会、政策等相关的英文表达，从而逐步提高学生用英文讲述中国故事的能力，培养具有家国情怀的新时代中国青年。

参考文献

[1] 陈宝生．在新时代全国高等学校本科教育工作会议上的讲话［J］．中国高等教育，2018（Z3）：4－10.

[2] 教育部高等学校大学外语教学指导委员会．大学英语教学指南（2020 版）［M］．北京：高等教育出版社，2020.

论英语阅读能力与思辨能力的同一性

李英杰*

摘要： 本文探讨英语阅读能力与思辨能力的互促关系。思辨能力是未来创新人才的核心竞争力。英文阅读是大学英语课程要求必备技能。随着思辨能力的提高，英语阅读能力也随之提高。二者可以互相促进，共同提高。

关键词： 互促关系；英语阅读能力；思辨能力

1 定义阅读与思辨

思辨即思考辨析。所谓思考，指的是分析、推理、判断；所谓辨析，指的是对事物辨别分析。思辨能力是进行有意识的思考并做出有理据的判断的能力[1]。阅读是对书面语言的感知与理解、分析与鉴赏。思辨能力是高等教育的培养目标。提高英语阅读能力是大学英语的主要任务。英语阅读能力与思辨能力两者之间是何种关系是一个值得探讨的问题。

2 英语阅读能力促进思辨能力

思辨能力与英语阅读能力在许多特质上是相似甚至是吻合的，英语阅读属于认知层面的心理活动，解读文章要求我们不仅停留在词句和篇章的表层意义，还要挖掘文章的深刻内涵，这样才能摄取信息，理解、判断、

* 李英杰，北京工商大学外国语学院讲师，主要研究方向为应用语言学。

对冲突点进行推理阐释，在这个过程中，调动思辨能力的理性思考和辨析的能力。

英语阅读的过程是信息输入的过程。在阅读过程中，大量的知识或信息涌入大脑，我们要进行分析比较、辨伪存真。阅读是思辨的必要前提，对于思辨来说是必不可少的一环。思辨能力在大量的信息筛选、理解、辨析中得到锻炼。英语阅读能力对思辨能力有正向促进作用。

英语阅读的过程是读者与语篇之间的互动过程。读者边理顺思路，边对文章做出预测、提出问题、寻找假设、明确作者要传达的要点并做出推理[2]。阅读后，先归纳概括、分析综合所读材料，然后与自己已有的经验知识类比或对比得出判断[3]。在这一系列过程中，所进行的预测、推理、归纳概括、联系、对比、分析和判断正是思辨能力的表现。阅读的过程不仅包含分析理解，也包含批判驳斥，接受或反对语篇中阐述的观点的过程，也就是思辨的过程。英语阅读调动了思辨能力的参与，在阅读中思考、辨析有助于思辨能力的提升。

3 思辨能力促进英语阅读能力

阅读能力归根结底是认读能力、理解能力、评赏能力及借鉴能力。大致可概括为感知理解能力和赏析评价能力。

（1）思辨有助于感知理解能力的提升。在阅读中思辨可以使我们感知重要和非重要信息、区分事实与观点、确定作者的目的和语气、通过推理推导言外之意、填补信息上的空白，得出符合逻辑的结论[4]。思辨能力帮我们感知外界新信息时，更快捷有效地调动原有的知识、经验，使新旧知识发生联系，互动后产生对文章的理解；帮助我们有效地读取信息、理解文意，把握作者要表达的中心思想，在思考中建构语言信息之间的关联。

（2）思辨能力有助于赏析评价能力的提升。思辨能力蕴含独立思考、求证精神与创新精神，以及分析、比较、综合、推理、检测、评价等核心技能。这些精神与技能使我们在阅读过程中不是被动地接受文本内容，而是对作者的观点或认同或批判、质疑，在综合加工后形成自己的认识。

（3）思辨能力帮助我们在阅读时对知识、观点进行有条理、有层次的梳理以求更好地吸收消化。提出问题，理性考虑其分析是否符合逻辑，其理论依据是否合理等，让我们对研究对象做出多维度的分析和判断，站在更宽广的视角解释现象，对问题提出篇章之外的解决方案。

4 结 语

思辨能力是未来创新人才的核心竞争力；英文阅读是大学英语课程要求的必备技能。思辨能力和英文阅读能力之间存在互促关系，给我们的实践启示是在大学英语阅读教学中，可以培养思辨能力，随着思辨能力的提高，英语阅读能力也随之提高。英语阅读能力与思辨能力二者可以互相促进，共同提高。

参考文献

[1] 李养龙，李莉文．高考英语科阅读能力测试与思辨能力——基于布卢姆认知能力分层理论的探讨［J］．山东外语教学，2013（2）．

[2] 黄彩霞．大学英语阅读教学中学生思辨思维能力的培养［J］．大学英语（学术版），2014（1）．

[3] 仝志敏．专业英语阅读课与大学生思辨能力的培养［J］．天津市经理学院学报，2012（3）．

[4] PAUL R. How to read a paragraph：the art of close reading［M］．北京：外语教学与研究出版社，2016.

交际教学法在大学英语课程思政教学中的运用

陶　爽*

摘要：交际教学法强调语言的交际功能，在实际教学中以学生为中心，在大学英语思政教学中运用交际教学法既能促进学生的英语学习又利于中华民族优秀文化的传承，培养新时期具有“四个自信”的高质量人才。

关键词：交际教学法；大学英语课程思政

1　交际教学法

交际教学法又称交际语言教学法、功能教学法或功能意念法。交际教学法源于20世纪60年代晚期，是英国对传统教学方法的改革，20世纪70年代兴于欧洲，20世纪80年代初期，引入我国并在语言教学中，得到逐步推广和应用。交际教学法的产生有其语言学、社会学和哲学根源，即韩礼德的语言的意义系统和功能理论，海姆斯的交际能力（communicative competence）理论和奥斯汀的言语行为理论（speech act theory）。美国语言学家海姆斯（D. Hymes）提出的交际能力认为，交际能力不但应具有语言知识，而且应具有语言运用的能力，尤其应注意语言运用的得体性[1]。李特尔伍德（Littlewood）提出：“交际语言教学最明显的特征之一是交际法不仅注重语言的结构，而且还注重语言

* 陶爽，北京工商大学外国语学院讲师，主要研究方向为外国语言学及应用语言学、语篇分析和功能语法。

的功能。"[2]克拉中（Krashen）的语言习得理论也强调语言学习必须通过运用语言交际，而不是通过训练语言技能[3]。由此可以看出，交际法理论强调语言和交际相互依存的关系和语言运用在语言学习过程中的重要性。

2 大学英语课程思政教学现状

新时期，在日益复杂的国际形势与中华民族伟大复兴的重担下，如何培养出道路自信、理论自信、制度自信和文化自信的高质量人才是各高校不断思考和探索的问题，课程思政应运而生。大学英语因其公共必修的课程性质而成为最适合课程思政的课程之一。大学英语课程思政在夯实学生语言综合知识和技能的同时，极大地促进了中华民族优秀传统文化的传承。用英文讲好中国故事，让中国文化"走出去"，提高高校人才输出的质量。与此同时，大学英语课程思政目前面临着各种挑战，如系统的、权威性的大学英语课程思政教材的匮乏、教师对大学英语课程思政教学方法的探索与设计等。

3 交际教学法在大学英语课程思政中的实施

3.1 交际教学法在大学英语课程思政教学中实施的可行性

交际教学法在英语教学和学习中经久不衰，它强调语言的交际功能，在实际教学中以学生为中心，利于学习者学以致用。大学生在高考前经过多年的英语学习，有了相对完整的英语语法、词汇等语言知识，因而具备了用英语交流的基础。大学英语课程思政课程着眼于中华优秀传统文化传承和中西方文化对比，而作为中华民族的一分子，大学生对本民族的传统文化有较深的了解，因而具有较好的文化交流基础。

3.2 交际教学法在大学英语课程思政教学中的具体实施

首先，就教材而言，为了确保英语教学的高效性，在用交际教学法进行课程思政教学前，要求教师对所选用的教材进行精心提炼，精选能体现课程思政内容并能激起学生兴趣的主题和元素，掌控好主题的难度，便于学生在课中和课后进行英语交流。

其次，在教学活动的设计上可以形式多样，如小组讨论、采访、辩论、课上演示、演讲、情境扮演等都是深受学生欢迎的课堂活动。可以变换多种课堂活动形式，以保持学生的参与兴趣。

此外，在进行课程思政的交际教学时，教师可以提前提供教学中可能涉及的词汇及表达方式，尤其是中国特色文化和词语的英语表达，以确保学生用英语交流时的准确性。交际教学法并不一定是为了确保交流的流畅性而牺牲语言使用的准确性，教师可以参与学生的课堂小组活动，在交流中引领学生进行正确的语言使用。

4 结 语

交际教学法在大学英语课程思政教学中的运用可以使学生在学习英语的同时，传承和发扬中华优秀传统文化，进行中西语言和文化对比，既能促进学生的语言运用，又有助于增强学生的道路自信、理论自信、制度自信和文化自信，进而为国家新时期的发展培养出高质量的人才。

参考文献

[1] 李瑛，吴长镛．交际法得失论［J］．外语与外语教学，1998（11）．

[2] LITTLEWOOD W. Communicative language teaching [M]. Cambridge: Cambridge University Press, 1981.

[3] RICHARDS J C, RODGERS T S. Approaches and methods in language teaching [M]. Cambridge: Cambridge University Press, 1986.

西班牙语专业课程思政教学设计研究

——以“西班牙语国家概况 2”课程为例

朱　婕*

摘要： 近年来，高等学校课程思政教育已成为国内各大高校教育教学建设的重中之重。本文以“西班牙语国家概况 2”课程为例，从课程教学内容、教师行为示范和与学生互动交往三个方面探讨西班牙语专业课程思政的教学设计，并就相关话题提供个人观点。

关键词： 课程思政；西班牙语专业；西班牙语国家概况

1　课程思政与西班牙语专业

2020 年 5 月 28 日，教育部印发了《高等学校课程思政建设指导纲要》并指出：“全面推进课程思政建设，就是要寓价值观引导于知识传授和能力培养之中，帮助学生塑造正确的世界观、人生观、价值观，这一举措影响甚至决定着接班人问题，影响甚至决定着国家长治久安，影响甚至决定着民族复兴和国家崛起。”[1]

张明明认为，国内高校西班牙语专业的德育教育及思想政治教育仍有所欠缺[2]。由于专业特殊性，学生会在学习中接触大量外来观点。因此，为合理引导学生，学校和教师应从根本上认识课程思政建设在西班牙语专业中的紧迫性，让课程思政贯穿西班牙语专业教育教学的始终。

* 朱婕，北京工商大学外国语学院助教，主要研究方向为西班牙语翻译。

2 “西班牙语国家概况2”课程思政构建

文秋芳认为，外语课程思政的内涵是“以外语教师为主导，通过外语教学内容、课堂管理、评价制度、日常交往、教师行为示范等方面，将立德树人的理念有机融入外语课程的各个环节”[3]。本文将从课程教学内容、教师行为示范和学生互动交往三个层面来分析“课程思政”与“西班牙语国家概况2”课程的有机结合。

2.1 从课程教学内容的角度

该课程内容虽以讲授外国文化知识为主，但并不意味着全盘“西化”，教师可在教学中穿插符合教学主题的课程思政内容。首先，西班牙语国家是我国实现“一带一路”倡议的重要国家部分，教师可选取与我国关系紧密的西班牙语国家进行重点研究和介绍，为学生今后服务于国家“一带一路”建设奠定基础；其次，许多西班牙语国家的文明是民族融合和文化碰撞后形成的产物，中国也是一个多民族文化统一的国家，在文化包容和管理上我们都有先进经验和共同问题。我们可以通过对比研究，为我国相关问题建言献策。最后，诸多西班牙语国家都经历过共产主义运动，我们可以将中国共产党的历史与国际共产主义运动、拉美独立运动和反封建、反殖民、反霸权主义运动相结合，以更宏观的视角学习和理解党的相关理念和知识。

2.2 从教师行为示范的角度

崔晓丹认为，教师要“润物无声、身体力行”地塑造学生的品格、品行和品位[4]。这就是我们常说的言传身教。在本课程的课堂上，教师首先应当思正、身正、行正，以个人人格魅力为学生做好示范和榜样。

2.3 从与学生互动交往的角度

学生是课堂的主体，在课堂讲授的过程中，我们不能一味采取灌输式教学方式，应提高学生的主动性和思辨能力。教师可根据不同教学主题，设计辩论、演讲、讨论等环节，鼓励学生对相关问题进行思考，并客观全面地表达自己的观点。同时，教师也应引导学生，让学生向正确的方向进步。

3 结 论

课程思政建设与“西班牙语国家概况 2”课程设计不是割裂的内容。教师应将课程思政融入教学的各个环节，让学生在学中思，在思中学，在学与思中获得精神的丰富和人格的升华。西班牙语专业教师也应当不断提升自己的思想认识水平，为本专业的课程思政建设贡献自己的力量。

参考文献

[1] 中华人民共和国教育部．教育部关于印发《高等学校课程思政建设指导纲要》的通知［EB/OL］．（2020－05－28）［2021－05－03］．http：//www.moe.gov.cn/srcsite/A08/s7056/202006/t20200603_462437.html.

[2] 张明明．浅谈课程思政在高校西班牙语翻译课程专业人才培养中的必要性和应用［J］．湖北开放职业学院学报，2020，33（22）：87－89.

[3] 文秋芳．外语课程思政内涵的解读与实施建议［R/OL］．（2020－09－26）［2021－05－03］．http：//ucourse.unipus.cn/course/3696.

[4] 崔晓丹．英语专业课程思政实现途径——以《英语口译》课程为例［J］．英语广场，2021，7：60－64.

全英教学下的英语教师

——以北京某高校为例

王梦琳*

摘要：21世纪以来，开设全英授课的高校越来越多，希望学生能够在学习专业知识的同时，提升英语的水平，随之而来的是英语教师角色的改变。本文以北京某高校为例，通过培养方案分析和教师访谈，探讨全英教学中英语教师的作用。

关键词：全英教学；大学英语；教师发展

在国际化程度已经成为高校建设重要的评价指标的今天，越来越多的高校开设了以英语为授课语言的课程或项目。这些全英课程或项目在设立的时候，希望学生在学习专业课程的同时，能够提升英语水平的目标，这是否意味着英语教师在全英教学中，毫无用武之地？本文将结合在北京某高校的全英班培养方案和英语教师访谈来探讨全英教学中，英语教师的角色。

1 文献回顾

根据马克罗（Macaro）的定义，全英教学指的是“在非英语为母语的国家，用英语作为教学语言来教授除英语以外的专业课程”[1]。教育部在2001年指示各高等院校的生物技术、信息技术、金融、法律等专业要创造条件在3年内外语教学课程达到所开课程的5%～10%[2]；此后，2007—2010年，教育部

* 王梦琳，北京工商大学外国语学院讲师，主要研究方向为二语习得、计算机辅助英语教学。

共支持建设了500门双语教学示范课程[3]。

虽然我们希望学生能够通过全英授课提升英语水平，但事实是很多学生的英语水平达不到全英授课的要求。埃文斯（Evans）和格林（Green）调查了香港一所英语授课大学里的约5000名学生，发现学生面临的最大问题是英语词汇量不够，尤其是与专业相关的词汇量[4]。除此之外，无法用英语正确的语法表达复杂的观点，以及口语展示中流利度不够也阻碍他们的学习。在另一项研究中，被采访的中国教授表示，很多学生理解用英语讲授的专业知识有困难，也很难用英语表达自己的观点，这些都严重影响全英授课的效果[5]。

用全英授课对于专业课教师来说也是挑战。他们中大多数人并没有接受过专门的全英教学培训，在课堂设计中，教学目标也都是专业知识和技能而不是英语语言，很难将英语教学融入专业课程教学中，所以在学生理解不了的时候，有些教师会直接用中文解释一遍[6]。那么，面对全英授课的这些问题和挑战，英语教师又能起到怎样的作用呢？

2 研究发现和讨论

本文收集了北京某高校三个本科全英项目（国际贸易、工商管理和注册会计师）的培养方案，并采访了三位教授全英项目里英语课程的教师。

学校培养方案显示，这三个项目都在学生大一学年安排了较多的、由该校外国语学院教师教授的英语提升课程，如英语精读、英语听力和英语口语，大一学年英语授课的专业课只有一到两门。而在进入大二学年后，基本上所有的专业课程都是用英语进行教学。从这样的课程设置，我们能够看出学校希望学生在开始全英教学之前，先夯实英语基础，为英语授课做好准备；同时全英授课也遵循循序渐进的原则，给学生逐渐适应的时间。

受访的三位英语教师，一方面，认为提供给全英项目的英语课程是难度更高的大学英语课程，综合提高学生的听、说、读、写能力；另一方面，她们也提到，这些英语辅助课程应该起到帮助学生适应英语授课的专业课的作用。受访的教师中，有的将和学生专业相关的词汇融入了英语教学之中，如在讲授阅读技巧的时候，选取和学生专业相关的阅读材料；有的则认识到通用的学术技能的重要性，如给学生提供更多用英语进行小组讨论和演示的机会，希望学生把这些技能带到专业课学习中去。

除了这些之外，英语教师其实还可以从语言教学的角度给专业课教师提供参考意见，帮助他们提高语言意识，将语言知识和技能的培养融入专业课学习中去。当然，目前关于全英授课的讨论主要是在英语教师和研究者中进行，专业课教师的参与度还不够，希望今后专业课教师能够有更多有益的参与。

参考文献

[1] MACARO E, CURLE S, PUN J, et al. A systematic review of english medium instruction in higher education [J]. Language teaching, 2018, 51 (1): 36 - 76.

[2] 教育部. 关于加强高等学校本科教学工作提高教学质量的若干意见 [EB/OL]. (2001 - 08 - 28) [2021 - 05 - 21]. http://www.moe.gov.cn/jyb_sjzl/moe_364/moe_302/moe_309/tnull_4682.html.

[3] 教育部. 关于启动2007年度双语教学示范课程建设项目的通知 [EB/OL]. (2001 - 08 - 28) [2021 - 05 - 21]. http://www.moe.gov.cn/s78/A08/moe_745/tnull_25884.html.

[4] EVANS S, GREEN C. Why EAP is necessary: a survey of Hong Kong tertiary students [J]. Journal of english for academic purposes, 2007, 6 (1): 3 - 17.

[5] HU G, LI L, LEI J. English-medium instruction at a Chinese university: rhetoric and reality [J]. Language policy, 2013, 13 (1): 21 - 40.

[6] YUAN R, CHEN Y, PENG J. Understanding university teachers' beliefs and practice in using english as a medium of instruction [J]. Teaching in higher education, 2020: 1 - 16.

课程思政背景下大学英语翻译教学初探

李 洁[*]

摘要： 新的《大学英语教学要求》（2020 版）要求大学英语课程培养学生对中国文化的理解和阐释能力，服务中国文化对外传播；社会主义核心价值观应有机融入大学英语教学内容。大学英语教学应主动融入学校课程思政教学体系，使之在高等学校落实立德树人根本任务中发挥重要作用，这对大学英语教师的教学是一个很大的挑战。翻译教学本身是一种非常重要的跨文化交际活动，在翻译教学的过程中，恰到好处地融入课程思政元素能让学生在提高翻译能力与水平的同时，受到文化的熏陶。

关键词： 大学英语翻译教学；课程思政

1 研究的背景

新的《大学英语教学指南》（2020 版）对课程性质、课程目标、课程资源、教学方法、教师发展等都提出了新的要求和目标，明确指出大学英语的课程性质为"大学英语课程可培养学生对中国文化的理解和阐释能力，服务中国文化对外传播；社会主义核心价值观应有机融入大学英语教学内容；课程需在课程建设、教材编写、教学实施等各个环节充分挖掘其思想和情感资源，丰富其人文内涵，实现工具性和人文性的有机统一。大学英语教学应主动融入学校课程思政教学体系，使之在高等学校落实立德树人根本任务中发挥重要作

---

* 李洁，北京工商大学外国语学院讲师，主要研究方向为外语教学。

用”[1]。中国文化的传播是在翻译的基础上进行的。在语言学习的各环节中，翻译教学不仅是一种非常重要的跨文化交际活动，也是一个重要的国际沟通手段和方式[2]。因此，在翻译教学过程中，恰到好处地融入课程思政元素，让学生在提高翻译能力与水平的同时，受到文化的熏陶、在精神育人领域更加深入是我们着重要思考的问题。

2 大学英语翻译教学和课程思政融合的初探

翻译是一种非常重要的语言文化交际活动，也是学生亟待提高的能力领域。在翻译课堂教学中，学生不仅能够学到翻译的基本方法、技能，而且还能够在文化要素信息的翻译过程中体会文化、感受文化，成为中华传统文化的继承者和具备翻译能力的传播者。这些新的要求都使课程思政融入大学英语翻译教学成为必然和必需。

本文通过具体的教学实例来探究如何在大学英翻译教学中融入思政的元素。辛弃疾是我国宋代伟大的爱国诗人，他的诗词深受国内外读者的喜爱。很多著名的翻译家都对他的诗词进行过翻译，并将他的诗词介绍到国外。在大学英语翻译教学中，对辛弃疾诗词英文翻译进行赏析，对学生理解中文和英文句子结构的差异，以及学习翻译技巧都有很大的益处；对学生来说，更有意义的是通过对辛弃疾诗词英文翻译的赏析，帮助学生从跨文化交流的角度洞察中西方文化的差异，加深对中国传统文化的理解。进行辛弃疾诗词英文翻译的赏析的步骤是：第一步，在赏析课之前教师先布置预习作业，要求学生在课前先熟读辛弃疾的词《青玉案・元夕》及其英文翻译版本。第二步，对中文诗歌和英文诗歌的押韵进行分析，在此基础上帮助同学们理解中西文化的共通点。在课堂上，教师首先要求同学对这首词及其英文翻译版本进行大声朗读，让学生在朗读中体会中文诗歌的押韵及其对应翻译版本的英文诗歌的押韵；之后教师再对中文诗歌的押韵及其对应翻译版本的英文诗歌的押韵进行讲解。例如，这首词前两句“东风夜放花千树，更吹落、星如雨。宝马雕车香满路”，从中文诗歌的角度分析韵脚，韵脚押在韵母 u 上。押韵的作用，一是令诗文读起来顺口、悦耳；二是令诗文读起来有一种回环往复的音乐感。而这首词对应的翻译版本的英文诗歌的前三句是：One night’s east wind adornsa thousand trees with flowers, and blows down stars in showers. Fine steeds and carved cabs spread fragrance en route。从英文诗歌的角度分析韵脚，教师引导学生发现英文诗歌韵脚的多样性，帮助学生发现这几句诗歌的韵脚分别是元音 au 及辅音 t。通过这种引导方式，学生可以深刻地体会中西方文化的共通点。第三步，从英语句法结构角度对中文诗歌句子结构及其对应翻译版本的英文诗歌句子结构进行分析，在此基础上，引导学生理解汉语句子结构和英语句子结构的差异，并帮助学生理解翻译的基本技巧。例如，这首词的第三句是："蛾儿雪柳黄金缕，笑语盈盈暗香去。"首先，教师引导学生从英语的句法结构的角度分析汉语句子结构，学生能够很明显地发现这个汉语句子是典型的无主语句，然后教师说明无主语句中译英的翻译技巧，如可以用增词的手段进行翻译，就是在翻译成英文的句子中增加主语。在此基础上教师继续引导学生欣赏这句的翻译"In gold-thread dress，with moth or willow ornaments，giggling，she melts into the throng with trails of scents。"这样可以帮助学生更好地观察体现在句子结构上的英语和汉语的差异，加强学生的跨文化交流的意识。第四步，对中文诗歌及其对应翻译版本的英文诗歌中的意象进行分析，加深学生对中国传统文化的理解。这首词的最后一句"众里寻他千百度，蓦然回首，那人却在，灯火阑珊处"中"他"就是这首词的意象，也是这首词的灵魂所在。引导学生讨论"他"的含义，加深学生对中国传统文化的理解，为更好地进行跨文化交流做好充分的准备。

参考文献

[1] 刘正光，岳曼曼．转变理念、重构内容，落实外语课程思政［J］．外国语，2020（9）：21．

[2] 刘芳，邹丽玲．"课程思政"视角下大学英语翻译教学实践探究——以翻译归化与异化为例［J］．语言与文化研究，2020（2）：51．

意识双语与公共外语教学

胡艺东*

摘要：意识双语为母语和第二语言之间的关系提供了一个统一的框架。将大学公共外语课程的目标扩展至思维训练后，母语和外语在学生头脑中不断地相互作用产生跨语言影响，这带给学生的不仅是交流工具上的量变，更是心智上的质变，即更丰富的人格。成为意识双语的关键在于公共外语教学中实现论辩与诗意语言功能，它涉及认知领域和创作领域。

关键词：博雅教育；教学模式；公共外语教学；语言学；意识双语

当大学公共外语课程被重新定位，其目标不仅是交流工具，还是思维训练工具后，作为第二语言的外语与母语之间的关系该如何处理？[1]博雅教育中的“语言教育”模块该如何设置？[2]雷沙德·文策尔（Ryszard Wenzel）提出的意识双语概念和框架对此大有帮助。下面我们将探讨意识双语对公关外语教学的作用及其实现方式。

1 意识双语

“双语”表示一个人使用至少两种语言变体的能力。当一个人只懂母语，但因缺乏足够教育而不能在论辩与诗意的语言功能层次上使用时[1]，他被归类为“交流单语者”；如果此人学习了第二语言并用于同样目的，他被归类为“交流双语者”。当一个人在自己的母语文学标准上有良好的教育，只是为了

---

* 胡艺东，北京工商大学外国语学院讲师，主要研究方向为英语教育教学、比较文化。

交流目的学习第二语言，他被归类为“意识单语者”和“交流双语者”；如果此人提升第二语言到最高功能层次，并且可以在文化、文学、艺术、科学、教育、哲学、政治等交互领域的文学标准内使用，他被归类为“意识双语者”。所以，大学的“语言教育”应该在论辩与诗意功能集成高级的心理过程层次上，同时处理母语和第二语言，即以培养“意识双语者”为目标。意识双语是动态的，两种语言的知识随着主动使用的语法、词汇和篇章技巧而发展。因为专注于两种语言的概念功能，通过两种语言学生能够不断地提升体验和理解世界的能力，而且还能在培养创造性才能。学生被期待成为双语者，不仅是能成为至少用两种语言交流，更是能成为一个具有多元心智的双文化人，也就是说，成为一个用两种语言组织自己思维过程的人。

以此理解，“语言教育”可能成为认知和创作教育领域中引发进步可能性的一个转折点。它对博雅教育的影响不仅是量的提升，更是质的提升。从交流功能的角度看，“交流单语者”和“交流双语者”之间没有什么不同，第二语言并未改变什么，学习者可能只是对旅游、与外国人交谈、到海外工作等感兴趣而已。但是，对博雅教育来说，在这些领域使用第二语言的能力意义不是特别重大，除非论辩与诗意功能将它的使用提升到思想组织和隐喻化这样的非功利性层次。在高级语言功能和高级心理过程框架内，意识双语的角色成为博雅教育的基础，这些语言相互补充形成一种更加新的、复杂和丰富的人格。

2　公共外语教学的实现

在培养学生意识双语的框架内，公共外语教学如何实现论辩与诗意语言功能呢？这个问题涉及认知领域和创作领域。

在认知领域，一个可行的途径是：首先，学生自己创造隐喻化、逻辑推理、从实验数据中提取结论、解释过去事件、比较和对照思想、推测未来、构造理论解释等过程；然后，将它们组织成连贯的口语或书面语篇。教师选择，如事实、描述、实验或统计数据、可以证伪的意见等原始材料提出问题，引出学生的思考和结论；在确信学生理解问题后，教师与学生合作将它整理成一个口语或书面语篇，如文章、演讲等。

创作领域的程序涉及论辩与诗意语言功能等方面，学生应该有对待语言的一种超然态度，即这是一种诗人态度。教师将集中培养学生的语言意识、敏感性和创造力的普遍认识。教学要点包括修辞格、修辞手法、隐喻化、简洁文体、受控歧义、意识流、语言游戏、韵律和节奏等。教师使用的原始材料和应用实例可以在那些伟大文学著作及大众文学中找到。

教师对学生无论是创作领域的语言敏感性的培养，还是认知领域通过文本创作的学习都与意识双语存在密切的关系。因为学生对第二语言有意识的学习态度而重新获得对母语的诗人态度；又因为其新颖性、隐喻能力的新鲜度及概念范畴的突出方式而获得对第二语言的诗人态度。最终，重新获得的对母语的诗人态度，帮助学生激活心智并有效地唤起认知和创作领域的高级心理过程的潜能。

因此，将公共英语教学扩展至论辩与诗意语言功能后，学生有可能成为“意识双语者”，这意味着学生有更多元的心智、宽广的视角、丰富的人格。这些恰恰是博雅教育所追求的目标。

参考文献

[1] 刘明宇，刘红艳. 公外教学中的语言功能与博雅教育（2021）[M] //刘明宇. 外语教学与研究论文集. 北京：知识产权出版社，2020：17－19.

[2] WENZEL R. A Direction of general education [M] //MIKOLAJ R, KAROLINA J. General education and language teaching methodology. Frankfurt: Peter Lang GmbH, 2015: 11－23.

大学英语分层教学中课堂焦虑的应对策略

陶　爽[*]　王秀珍[**]

摘要：课堂焦虑是影响语言学习的重要因素之一，教师可以通过调整教学策略等方式来降低课堂焦虑程度，以促进语言的教和学。

关键词：大学英语分层教学；课堂焦虑

1　课堂焦虑

近年来，情感因素在教学中的作用越来越受到重视，焦虑作为影响学习者语言学习中的重要情感因素之一，而成为第二语言习得研究领域的一个热点问题。自 20 世纪 60 年代起，一些理论学家和心理学家就开始研究焦虑问题。斯皮尔伯格（Spielberger）区分了特质焦虑（trait anxiety）和状态焦虑（state anxiety），认为特质焦虑是相对稳定的个人特有的焦虑倾向，而状态焦虑是指“焦虑的暂时被动状态”[1]。美国心理学家霍维茨（Horwitz）及其同事在 1986 年，首次提出外语焦虑是“一种与课堂语言学习有关的、在这门语言的学习过程中，产生的显著的自我知觉、信念和情感的复合体”，并进一步指出“第二语言课堂焦虑”包括“交流焦虑”“考试焦虑”及“负面评价焦虑”[2]。课堂焦虑被认为是语言学习特有的一种复杂的心理现象，往往表现为学生在学习

---

* 陶爽，北京工商大学外国语学院讲师，主要研究方向为外国语言学及应用语言学、语篇分析和功能语法。

** 王秀珍，北京工商大学外国语学院讲师，主要研究方向为第二语言习得、教学法、语言学和翻译等。

和运用目的语过程中所产生的自我怀疑、不安、紧张、害怕等负面情绪，这种心理现象与语言学习的好坏有密切的关系。

2 课堂焦虑在大学英语分层教学中的应对策略

随着大学英语教学改革的不断深化，因材施教理念得到人们的广泛认可并在大学英语教学中，以分层教学等方式得以实施。大学英语分层教学满足了不同英语水平的学习者的学习需求，强化了大学英语教学效果，但大学英语课堂上的焦虑现象依然存在。即使在同一个英语分层班级，学生在课堂上表现出的紧张不安、害怕回答问题、逃避英语交流、自我认可度不高等焦虑现象仍然不可小觑。课堂焦虑虽然在某种程度上能起到激励学生学习的作用，但其负面影响更大。有研究表明，课堂焦虑同语言学习者的学习成果往往成反比。想要改善大学英语分层教学中的课堂焦虑现象，确保学生的语言学习效果，可以从教师、教材、教法等方面着手。

首先，教师在教学中，对学生应予以积极肯定的态度——无论是对英语水平较高的分层班级的学生，还是英语水平较弱的分层班级的学生。鼓励和肯定的评价利于学生增强自信，提高自我认知，帮助学生克服负面评价焦虑。积极的评价能让学生勇于迎接语言学习过程中的挑战，增强学生课堂教学配合意愿，使其产生较强的成就感，从而促进语言学习。同时，教师对学生的充分认可有助于建立良好的师生关系，在课堂上帮助学生克服的焦虑心理，促进语言教学和学习。

其次，在教材和授课资料的选择上，应具有一定的梯度，以符合大学英语各分层教学班的需求。教材和授课资料的难度直接影响学生语言学习的感受，过难的授课内容给学生带来挫败感，使其产生课堂焦虑，影响语言学习兴趣和成果。

最后，在教学方法和教学活动的选择上，应该结合各分层教学班的英语水平和学生特点，灵活多样的教法和教学活动能引起学生的语言学习兴趣，使其参加课堂活动的意愿增强，积极配合授课，减少学生课堂焦虑的产生，从而促进语言学习。例如，通过多媒体播放英文电影剪辑、英文歌曲等方式来创设语言文化情境，缓和课堂的沉闷乏味，创造轻松和谐的语言学习氛围而让学生乐于参与目的语文化学习中。再如，交际教学法中，常用的课堂小组活动、角色扮演等都是利于学生用目的语交流的有效手段，营造轻松、愉悦和积极的课堂氛围，从而减少课堂焦虑的产生。

此外，教师引导学生建立积极的心态、提前布置课堂学习内容、适当降低课堂任务的难度、督促学生及时复习以减少考试焦虑、引领学生掌握必要的语言学习策略和方法等都是减少课堂焦虑产生的有效手段。

3 结 语

课堂焦虑对学生语言学习的负面影响不容忽视，在大学英语分层教学中，努力创造一个以学生为中心的、轻松的课堂氛围、对学生多进行鼓励和表扬、采用灵活多样的授课方法、激起学生的语言学习兴趣等都是降低课堂焦虑并促进语言教和学的有效途径。

参考文献

[1] SPIELBERGER C D. Anxiety as an emotional state [M] //SPIELBERGER C D. Anxiety: current trends in theory and research. New York: Academic Press, 1972.

[2] HORWITZ E K, HORWITZ M B, COPE J. Foreign language classroom anxiety [J]. The modern language journal, 1986, 70 (2).

西班牙语经贸应用文与课程思政结合初探

张馨予*

摘要：在当前加强大学课程思政建设的背景下，如何把西班牙语、经贸知识和课程思政三者结合起来，是高校西班牙语教师面临的新的机遇和挑战。在当前的西班牙语经贸应用文课程的教材中，由于编写年代较长，缺少足够的思政元素，如何将思政内容加入课程之中是本文探讨和研究的主题。

关键词：西班牙语经贸应用文；课程思政

西班牙语经贸应用文是一门针对高校西班牙语专业本科高年级学生开设的专业选修课。这门课程通过对国际贸易实务基础知识的讲解，结合商业信函、国际销售合同、国际招投标文本和国际经济技术合作合同四个部分的应用文实例的解析，使学生具有基本经贸知识，掌握常用经贸应用文的西班牙语版本的写作技能。开设本课程是培养学生成为语言与经贸融合的复合型人才的需要[1]，是锻炼学生实践能力的一个途径。如何将课程思政要素有机融合进这门实践性较强的课程中，是新时代高校西班牙语教师面临的机遇和挑战。

1 如何将课程思政和西班牙语经贸应用文结合起来

一门课程在加入新的内容时，势必面临原有素材和新的内容的衔接问题。如何解决这一问题是本文主要讨论的内容。

---

* 张馨予，北京工商大学外国语学院讲师，主要研究方向为对外西班牙语教学。

1.1 课程思政素材的收集

当今网络媒体飞速发展，人们获取信息的主要途径已经从传统的电视、报纸和杂志转变为网络。课程思政内容需要做到与时俱进，高度与时事相结合，这也就决定了课程思政素材的收集离不开网络媒体，此外西班牙语经贸应用文课程的教材编写于 2014 年，内容主要为国际贸易基础知识和西班牙语经贸应用文写作，所以收集课程思政内容需要依靠教师发挥自身主观能动性。但是，本课程与很多其他课程不同，要找到经贸内容高度结合的思政元素，这就提高了教师备课的难度。

经过一学期的备课和教学，笔者积累了如下素材收集的经验：

一是关注时事新闻，尤其是关于国际贸易的报道，积累能与课程内容结合的新闻；二是关注中央编译局的中央文献重要术语译文发布，掌握准确的西班牙语版本；三是关注国外权威媒体的新闻，筛选国外关于我国的公正的、客观的报道，引导学生辩证看待国外媒体关于我国的报道。

1.2 课程思政与课堂内容的结合

当前国际背景下，将国际贸易相关的新闻和课程思政结合起来，是此类课程的大趋势。

在本课程的教学中，教师可以在备课阶段准备相关的西班牙语新闻，在解析新闻中的西班牙语语言知识和学习经贸术语的同时，培养学生的爱国主义情怀，将社会主义核心价值观作为核心内容整体、科学、有序地融入合本课程。

2 课程思政和西班牙语经贸应用文的初步实践

2021 年 3 月，发生了耐克等品牌抵制新疆棉花的事件。他们抵制的理由竟是所谓的新疆存在“强迫劳动”。这些企业声称自己抵制新疆棉花，是基于瑞士良好棉花发展协会称新疆地区“持续存在强迫劳动和其他侵犯人权的指控”对新疆棉产品的取消认证，耐克等品牌都是瑞士良好棉花发展协会会员。

在本课程中，教师可以通过带领学生阅读关于此事件的客观公正的西班牙语报道，认清瑞士良好棉花发展协会对新疆存在“强迫劳动”的指控完全是无稽之谈，同时学习棉织品进出口和贸易冲突涉及的贸易知识和西班牙语术语，最后落实到实践；学习如何使用西班牙语写投诉信，斥责外国厂商因为瑞士良好棉花发展协会的污蔑撕毁贸易协议，停止进口新疆棉制品的行为，维护本国企业在国际贸易中的正当利益。

3 结　语

课程思政和西班牙语经贸应用文结合是高校西班牙语专业教学中，加强高校思想政治教育工作的重要一环，应当将思想政治教育和经贸知识、西班牙语语言知识有机结合，着力将教书育人落实于课堂教学的主渠道中，深入发掘本课程思想政治理论教育资源，发挥本课程育人功能，落实所有教师育人职责，培养更多德、智、体、美、劳全面发展的人才，为中国特色社会主义事业培养合格的建设者和可靠的接班人。

参考文献

[1] 赵雪梅，李紫莹．西班牙语经贸应用文［M］．北京：对外经济贸易大学出版社，2015.

提高英语课堂演讲的有效性

史 云*

摘要：大学英语课堂中引入演讲环节是提高学生英语输出能力的有益尝试。针对实践中学生反馈的效率不高问题，本文从提高学生参与动机和教师反馈两个方面提出几点建议。

关键词：英语课堂演讲；有效性

演讲作为一门艺术已被公认为是提高学生批判性思维能力和语言表达能力的一种重要手段，在国外很受学生的欢迎[1]。为培养学生的综合素质和能力，演讲作为课堂教学的一个环节被广泛引入很多高校的大学英语课堂。但是，笔者发现，这种做法似乎并未得到非英语专业学生的普遍认可，甚至认为是浪费时间。课堂演讲为什么叫好不叫座呢？笔者认为，除了学生中存在顽固的应试思想之外，还包括教师不能从情感上让学生真正产生参与活动的兴趣、不能通过与学生的课堂交往和反馈，使学生在表达个人思想和情感的过程中，学会组织思想，在逐渐获得相关知识和技能的同时，获得演讲的信心与成就感。本文将从提高学生参与活动的动机和教师反馈两方面，探讨如何有效地提高大学英语课堂中的学生演讲活动。

* 史云，北京工商大学外国语学院讲师，主要研究方向为应用语言学、英语教育。

1 提高学生参与活动的动机

1.1 做好学情调查

迥异的学习经历、知识和技能水平都会导致学生对活动的态度多元化。口语水平低、从未有过类似训练和经验的学生会产生抗拒心理，进而出现各种问题。因此，教师可以通过问卷、问答等途径初步了解学情，以便补充相关训练和指导。

1.2 明确活动的目的和形式

学生只有事先了解教师期望他们达到的明确和具体的活动目标与最终呈现的形式，才会逐渐形成比较清晰的个人选择，并增强完成任务的信心。

1.3 建立开放、包容的课堂文化

教师努力构建敢于表达自我、勇于创造意义的课堂文化，积极向上、相互支持、相互学习的氛围，使每个学生都以表达自己的思想为荣，使他们在共同探讨、协商的过程中，获得不同经验、视角和方法，减少对表达的焦虑，获得完成任务的信心。

1.4 设计能激发学生表达兴趣的任务

设计能够调动学生的直接经验和带有创造性的任务。活动形式力求多样化。除了演讲，允许低年级学生选择短剧、采访等形式。话题的选择可以是围绕教材的单元主题、时事热点的延伸和扩展或者学生自选[2]。

1.5 提高学生的自我效能感

学生不仅需要教师在知识和技能方面的指导和训练，教师还要充分利用不同学生的经验和智慧，如小组合作中的成员通过同伴的相互借鉴、激励和支持，不但确定自己能够完成任务，还能感受集体合作与资源共享的力量。此外，体验成功的乐趣能够极大提高学生的自我效能感。

2　教师点评和反馈

及时的反馈和点评对学生的参与热情和能力发展有极其重要的作用。首先，明确的评价标准是教师反馈的依据，也为学生修改个人作品和相互评价提供依据。标准一般包括内容、语言、技巧三个方面。教师根据学生水平，不同阶段可以有不同侧重；点评时要考虑认知和情感因素。前者是指反馈是否真正体现在阶段训练中，强调的重点是是否针对问题提出具体的修改建议；后者则涉及学生的兴趣与信心。

反馈评语应具备以下特点：针对内容反馈，而不是语言错误；点评信息清晰、具体，要指出语言错误，而非空泛的评语，要提出具体的改进措施；平衡正负评价，可以遵循“表扬—批评—建议—鼓励或期待”的顺序[3]，以便学生乐意接受各种不同的建议。

英语演讲引入大学英语课堂，能够提高学生的英语语言应用能力，培养学生的批判性思维和团结合作精神，增强学生课下自主学习的积极性，也是课堂教学模式的一种有益尝试，针对实践中出现的问题，教师如能认真分析具体原因，提出较好的解决办法，必将优化课堂教学效率。

参考文献

[1] 唐艳玲．大学英语课堂嵌入英语演讲的有效性研究［J］．长春工程学院学报，2008 (2).

[2] 马慧．基于“输出驱动假设”的英语演讲融入大学英语课堂教学策略研究［J］．语文学刊，2014 (1).

[3] HYLAND K. Second language writing [M]. New York: Cambridge University Press, 2003.

任务型语言教学在口译课中的应用

田　芳*

摘要：任务型语言教学是以任务为导向的语言学习和教学，强调以学生为中心，使用真实的任务，要求学生使用目标语言完成任务，是一种关注语言形式的分析型教学方式。本文旨在通过分析英语口译教学特点，阐述任务型教学如何应用于口译教学之中。

关键词：任务型语言教学；口译教学；任务

任务型语言教学发端于20世纪80年代，以社会语言学、第二语言习得和心理语言学等学科的研究为理论基础，受到国内外学者和教育者的广泛关注，在理论研究和教学实践上均获得大量成果。

与传统语言教学法相比，任务型语言教学是分析教学法，以意义为中心，以交际为目的，利用真实的任务，如问路、购物、购买车票等，要求学生使用目标语完成有意义的任务，在完成任务的过程中，达到交际目的并习得目标语的语言教学和学习模式。传统语言教学法属于综合教学法，以语言本身为教学内容，将语言分为词汇、句型、结构等学习模块，在教学过程中，教师针对不同模块对学生进行大量、反复地训练，直至学生掌握。传统语言教学是以教师为中心，教学过程着重语言形式，着重输入，教学的关注点在传统的语法内容上。

任务型教学法的提出在语言学上是基于综合法和分析法之争，传统教学法重形式，对于学习者有针对性的学习某些语法项目更有的放矢，通过反复的练

---

* 田芳，北京工商大学外国语学院讲师，主要研究方向为二语习得、英语教育。

习和记忆，有助于学习者巩固对目标语语言形式的记忆。但传统教法因为忽视意义，缺少针对语言形式进行的交际训练，学习者对所学语言的掌握止于形式，实际应用会有困难，并且因为缺乏交际，学生之间有意义的互动较少。换句话说，就是输入较多，缺少输出。语言的学习需要正确、大量的语言输入，但足够的输出才能真正习得。而任务型语言教学侧重意义、关注学习过程及学习过程中的交流。任务型语言教学的目标是学生使用所学习语言完成任务，目的性强，在完成任务的过程中，学生除语言外，还需应用个人生活经验、交际手段等课堂之外的经验和技巧，教学的目的是完成任务，语言是用来完成任务的。在任务型教学中，学生是主体。任务型教学的社会学理论基础认为，学习是一种社会行为，学习者在使用知识时，自己建构所学知识，知识是不能靠他人传递而获得的。在教学中，学生应该是主体，教师只是学习的辅助者，为学习者提供语料并创造学习的环境。在完成任务过程中，学习者之间必然产生交际活动从而提高交际水平、锻炼交际能力口译教学的特点以技巧训练为核心，贾尔（Gile）提出口译教学尤其在初级阶段应该以过程为导向，即在教学环境下，教师关注的是学习者的口译过程，而非口译成果[1]。具体来说，教师给学生提供口译材料，在学生完成后不是对所译给予“对”或“错”的评价和针对评价给出解决方案。而是教师在过程中发现问题，引起学生对问题的关注并在理论、方法和步骤上给出合理建议。这种关注过程，以学生为中心的特点与任务型教学的特点高度一致。

以接待口译为例，课堂教学以任务为指导分为：任务前、任务中、任务后三个阶段。任务前，教师为学生提供贴合实际的语言信息和情境，如机场接机。首先，在课堂上，学生在教师指导下完成一个机场接机的口译对话。然后，学生需要联想自己在生活中于此类情境下可能产生的其他对话交流，如接机时的见面寒暄，见面后需关注的行李问题，若接机时，可能出现哪些问题，如何帮客人处理，顺利接机后，需向客人交代的事项等，准备相关词汇和目标语表述。最后，两人一组在课外模拟机场接机的一个情境对话。

任务中，随机请一组学生上讲台，并在其余学生中指定一位为口译员，作为口译的学生对所译内容完全不知情。在活动中，教师尽量不干预，但记录下学生遇到的问题及解决的办法。学生需调动自己所知的一切交际手段和口译策略尽力完成任务。

任务后，教师指出学生在任务过程中，遇到的问题及解决方式，全班同学针对这些话题展开讨论，并提出自己可能会采用的其他策略或手段。教师予以点评并提出合理建议。

在这三个阶段中，可以看到语言输入只在第一阶段，即任务前阶段进行，在任务中和任务后阶段，学生除实际使用第一阶段输入的语言外，还需锻炼交际能力及使用应急策略的能力。在完成这个任务的过程中，学生可以切身感受并认识到语言能力、交际能力和口译策略于实际工作生活的重要性，增强学习的热情和积极性。

口译是一种交际行为，在口译教学中教师对技能和语言能力给予了同等的重视，学生学习口译的最终目标是顺利地完成各种口译任务。任务型教学目的性强、以学习者为中心、重交际、重实践的特点使之成为口译教学最为常用的一种教学手段。

参考文献

[1] GILE D. Basic concepts and models for interpreter and translator training (revised edition) [M]. 上海：上海外国语大学出版社，2011.

篇章词汇理解及其启示

汤惠敏[*]

摘要：篇章词汇理解是全国大学英语四级、六级考试中的一个重要阅读题型，它不是单一地考查词汇的词义及用法，更重要的是从语篇角度来考查词汇在篇章中的运用。但是，从平时的练习来看，篇章词汇理解是学生感觉比较难的一个题型。篇章词汇理解给英语阅读教学带来一些启示，学生需加强词汇学习，拓展词汇量，提高语篇阅读能力，从而提升英语的综合运用能力。

关键词：篇章词汇理解；词汇；语篇；启示

1 引　言

在全国大学英语四级、六级考试中，篇章词汇理解是考试的一个重要阅读题型，为了考查考生在篇章层面理解文章并选择合适的词汇来填入空中，完成全文，不是单一的考查词汇的词义及用法，更重要的是从语篇角度来考查词汇、语法、句与句之间的关系及对全篇文章的理解，考查词汇在篇章中的运用[1]。篇章词汇理解题型是对理解能力及语言综合运用能力的一个全面的考查测试，要求考生从篇章的角度理解文章及综合运用词汇。因此，这个题型考查的不仅仅是词汇本身，更是对全篇的理解和词汇的综合运用。

* 汤惠敏，北京工商大学外国语学院讲师，主要研究方向为外国语言学及应用语言学。

2 题型特点

在这个题型中，有一篇大约200多词的英语短文，里面设有10个填空，题目中给出15个词供选择，从15个词中选择10个合适的词填入相应的空中，每个词最多只能用一次。15个备选词主要是名词、动词、形容词、副词这些实词。它并不是单一地考查词汇，与传统的词汇题有很大区别，它更注重词汇的用法，尤其是词汇在句子中的用法及其在篇章中的实际运用，不仅局限于填空所在的某一个句子，更需要着眼全篇文章来把握文章的大意，通过语境选择合适的词汇。一般来说，先略读一下短文，弄懂文章的大意和结构，找到文章的主题；然后仔细阅读文章，逐句来读，遇到填空需要考虑在其对应句子中的成分对照备选的15个单词的词性，同时还要考虑词义、用法、搭配、上下文语境、逻辑关系等，做出合适的选择；最后通读文章，看填入空中的词汇与文章是否通顺、连贯。

3 答题难点分析

在平时的练习中，较多学生认为这个题型很难、正确率较低。对于篇章词汇理解题型，学生需要对单词的词性、意思、用法、基本搭配很熟悉。有的学生语法薄弱、长难句看不懂、不清楚句子结构、不知道填空对应的缺失的句子成分，因此学生需要对英语的语法、基本句型很熟悉，掌握基本句型，才能对空白处需要填的词的语法成分做出正确的判断；有的学生不理解句与句、段与段之间的逻辑关系，不清楚上下文的语境，难以选择合适的词汇填入空中，学生不仅需要熟悉逻辑连接词，还需要理解句与句、段与段之间的逻辑关系。另外，有的文章题材对于部分同学来说从未见过或感觉枯燥，理解文章大义比较难；有的学生只着眼于备选词汇本身，没有放眼整篇文章的理解，导致词汇理解的选择上有偏差。

4 启　示

篇章词汇理解题型给英语阅读教学带来的一些启示。

一是词汇知识很重要。夯实基础，加强语言基本功。学生需要掌握扎实的语言基础，掌握较大的词汇量，熟悉词汇的词性、词义、用法及搭配。教学中注重强调词根、词缀等构词法。学生学习时，善于通过同族词来扩展词汇。根据词缀、词尾等来判断词的词性。对于词义，注意一词多义，在不同的句子、语境中，词汇具有不同的含义。词汇的搭配也非常重要，尤其是常见搭配，这也是教师需要在平时的教学中强调的内容，同时也是学生需要加强学习的地方。

二是语法知识也很重要。学生需熟悉简单句和复合句。英语句子的成分包含主语、谓语、宾语、定语、状语、补语、同位语等。几种常见的英语简单句句子类型，以及不同的复合句类型，教学中需要强化并让学生掌握。

三是重视语篇知识。注重对文章结构和大意的分析。学生需要学会理解文章的结构和大意。通过连接词，来判断上下文的逻辑关系，如转折、目的、因果、递进等。弄清楚句与句、段与段之间的逻辑关系，确定句子意思及段落主题。

除此之外，学生需要提高阅读能力，扩大阅读量，提高阅读理解能力，掌握基本的阅读技巧。篇章词汇理解题型更注重文章的理解和语言的综合运用能力。学生需加强词汇学习，拓展词汇量，提高语篇阅读能力，从而提升英语的综合运用能力。

参考文献

[1] 全国大学英语四、六级考试委员会．全国大学英语四、六级考试大纲（2016 年修订版）[EB/OL].（2020 - 09 - 07）[2021 - 05 - 16]. http：//cet. neea. edu. cn/res/Home/1704/55b02330ac17274664f06d9d3db8249d. pdf.

浅析商务英语翻译教学

黄前程* 颜 昆**

摘要：本文从商务英语翻译学习者的角度，结合自己的学习实践，通过对当下商务英语翻译教学现状的分析，提出些许不足及改进方法。

关键词：英语翻译；商务英语；英语教学

1 商务英语翻译的基本元素

商务英语的概念

商务英语，是指与商务活动相关的英语，商务英语不同于普通的日常英语，在商务英语中，更多出现的是较为专业的商业词汇，因此需要具备和商科相关的知识。在翻译过程中，要结合商务背景进行翻译，同时还要结合中英文的异同点、文化差异等进行删加。商务英语翻译更加具有真实性、实用性，在中国对外不断开放、不断步入世界舞台的今天，商务英语翻译的重要性毋庸置疑。

---

* 黄前程，北京工商大学外国语学院2019级学生。

** 颜昆，北京工商大学外国语学院讲师。

2 商务英语翻译的当前现状

2.1 特点

商务英语翻译的首要要务是服务于商务交流，因此第一特点是要求体现商务的专业性。商务英语涉及许多专有名词，而且这些专有名词不经常出现在日常生活中。第一种情况，看而不识，如 balance of payment（收支平衡）、stag profit（新股套利）、bad debt（呆账），虽然我们都认识这些单词，但是将它们组合在一起却显得有些陌生；第二种情况，识而难翻，如集体诉讼，其为专业名词，翻译为 class action。因此，这就需要学习商务英语翻译的学生更加深入地学习商科和英语两门学科。

第二特点是长难句句式多。商务英语翻译与生活英语不同的一点是：在生活中，我们使用的英语很多都是短句，简单句，而商务英语中，为了体现其严谨性与通用性，往往会使用定语、状语、同位语从句来使整个句子变得更加具备商务性。这就需要商务英语翻译学习者深入学习语法，能够进行独立思考和判断。

2.2 教学过程中的不足

目前的商务英语教学仍然存在一些不足之处，如在教学中，教师按照课件加上适当的翻译来引导学生，这是一种比较传统的教学方法。在这种教学方式下，学生更多是通过教材来进行学习，而这一方式会限制商务英语翻译学习的视野。在学习材料的选择方面，课堂上使用的学习材料不能和时代紧密相接，如教师选用的商务词汇，虽然典型但不是最新的。

2.3 改进的方法

首先，教师应该多进行与商务接轨的模拟教学，如在语言实验室里进行商业案例分析，充分激发同学们的学习兴趣；利用真实的商业案例来帮助同学们更好地培养商业思维。

其次，在案例中，添加与本次活动相关的商业词汇，因为丰富的词汇量是构建良好翻译“大厦”的必要基础。在这一点上，北京工商大学在商英阅读课上，教师向学生展示大量的商业词汇，并进行讲解和通过适当地默写来获得反馈，但不足之处在于，课中缺乏趣味性与系统性。在趣味性上，教师应该适当地添加音频，增加可读性。在系统性上，教师可以指导学生进行自主归类总结，只有自己总结的词汇才会印象更加深刻。

最后，在科技日益发达，产业蓬勃发展的今天，商务英语应涉及更多领域，如大数据、算法编程等[1]。

参考文献

[1] 黄荔青. 商务英语专业教学与跨文化交际能力的培养——基于高职院校教学现状的思考 [J]. 牡丹江教育学院学报，2016（7）.

正念冥想训练引入大学抑郁防治的可行性分析

霍汉哲*

摘要：正念冥想治疗已在心理治疗领域进行多年实践，并取得了显著的效果。进行规范的正念冥想训练可明显降低抑郁指数，提升希望指数，但在当前大学生心理健康教育中却鲜有实践。本文论证了正念冥想对于大学生心理健康和抑郁症防治的作用，并对将规范的正念冥想训练引入大学生心理健康教育的必要性和可行性进行了深入分析。

关键词：大学生；正念冥想；心理健康教育

大学生群体是一个规模庞大的群体，我国高等教育的普及带来了大学生数量的快速增长，截至 2017 年，大学生群体数量已经达到 3778 万人[1]。大学生的年龄大多在 18～25 岁，处于学生向社会公民转型的关键时期，由于环境的变化与竞争强度的增加，大学生心理健康问题屡见不鲜。抑郁症是大学生群体中诸多精神障碍类别中占比最高的疾病。抑郁症患者存在负面情绪并伴有认知功能的失调，会对自我以及环境和社会进行消极归因[2]。患有抑郁症的学生的正常学习和生活会受到严重影响，病情较为严重的学生还面临无法继续进行学业的风险，甚至产生自我伤害等行为[3]。

1 大学生心理健康政策和常用支持方式

我国对大学生心理健康教育非常重视，自 2001 年起，教育部进行论证，

---

* 霍汉哲，北京工商大学外国语学院，主要研究方向为管理学。

出台了《教育部关于加强普通高等学校大学生心理健康教育工作的意见》强调学校需要重视大学生心理健康教育工作，并提出将抑郁症的筛查工作纳入学生健康体检、对学生心理健康状况进行评估等一系列措施。以上措施对学生抑郁症的发现和预防具有重要意义。

而就针对出现抑郁症等心理健康问题的学生的帮助和支持方面来看，虽然成立心理健康中心已成为高校的共识，支持方式以公共选修课为主，无法引起学生的思想重视，使大学生心理健康教育传播途径被动，传播范围也比较有限[4]。对于已经罹患抑郁症等精神卫生疾病的学生来说，心理健康课程的帮助效果非常有限。部分高校为师生提供了心理咨询师资和相关设施，但由于资源稀缺，学生无法得到及时有效的帮助。目前大学生抑郁症患者主要依靠药物和心理咨询、心理干预进行治疗，资金主要来自家庭的资助。而抑郁症作为一个具有一定“污名化”和隐蔽性的疾病[5]，部分家长并不配合学生治疗，部分学生对治疗也存在抵触情绪。较为高昂的治疗费用和长期服用药物的副作用也一定程度上阻碍了治疗进程。因此，探索一种副作用低、简单易行、效果更好的方式势在必行。正念冥想训练便是一种可行的方案。

2 正念冥想训练的方法

正念冥想训练源于中国的禅修理念，通过引导训练人员将注意力不加批判和评价地集中在特定的内部感觉或外部刺激上，以达到调节情绪的作用。一般分为四种训练方法[6]：①身体扫描法：指导学生直立或者坐下，双手自然垂下或放在腿上，按照从头到脚或者相反的顺序，对其自身各个部位进行感知和扫描；②静坐冥想法：指导学生放松身体静坐，将注意力集中在自己的呼吸上，客观、不逃避地评估自己的呼吸感觉和全身运行状态；③行走冥想法：引导学生放松身体走在宽阔、安全的地面上，学生需将注意力高度集中在脚上，感受运动时肌肉和身体的变化，以及与地面的接触；④呼吸空间法：引导学生在静坐的状态下，注意力高度集中在呼吸上，随着呼吸的起伏变化扫描全身，并强调客观中立，不与感受抗衡。

3 正念冥想训练的效果

希望水平与心理状况指标是评价抑郁症患者病情状态的重要指标。Hert 希望量表（Hert Hope Index，HHI）可从与他人的亲密关系、采取积极的行动、对现实与未来的积极态度三个维度来有效评估希望水平。而汉密尔顿抑郁量表（Hamilton Depression Scale，HAMD）及汉密尔顿焦虑量表（Hamilton Anxiety Scale，HAMA）可有效评估患者的抑郁、焦虑状态[7]。在临床上，正念冥想训练已广泛运用于抑郁症治疗当中，并对抑郁症治疗起到很好的效果。例如，赵劲松、韩冰团队将90位抑郁症患者分为实验组和观察组，两组接受相同药物治疗和抑郁症知识普及宣教，实验组在此基础上进行为期4周，每周至少5次的正念冥想训练。干预前后结果表明，两组患者希望水平均有所增加，抑郁、焦虑水平均有所下降，而接受正念冥想训练的实验组病情改善效果显著高于观察组[7]。此结果在葛琳、阮妍妍的122例抑郁症患者对照试验[6]；傅鞠萍等的86例抑郁症患者对照试验[8]等临床实践中，均得到验证。同时，正念冥想训练的长期效果也得到了数据支持。

4　大学引入正念冥想训练的可行性与必要性

大学生群体属于抑郁症高发群体，大学生中近三分之一的学生受到抑郁情绪的影响，而抑郁平均流行率按加权平均计算出现障碍的比例超过30%[5]，由此可见，大学生心理健康问题不容忽视。正念冥想训练具有简单、易学、开展方便、无副作用的优势和特点，对大学生抑郁症、焦虑症具有显著的恢复作用。同时，正念冥想训练对没有心理困扰的学生也具有很好的保健作用，可以提升学生的抗压能力和情绪疏导能力，并训练学生的专注力，对学生的学习也具有潜在的帮助和支持作用。

另外，大学教职工同样面对各种压力。由于不同个体对压力的反应模式不同，在大学教职工群体中出现焦虑症、抑郁症的情况屡见不鲜，不但伤害教职工的身心健康，而且对于大学正常教学管理工作也会产生不利影响。因此，在将正念冥想训练引入学生群体的同时，也可向教职工宣传、教授正念冥想训练方法，从而起到纾解压力、保健身心的作用。

5　总　结

综上所述，正念冥想训练对大学生抑郁症群体具有较好的恢复与治疗作用，是对大学心理健康教育的支持和补充，能有效增强心理健康支持的辐射和渗透效果，对大学生和教职工也具有一定的压力纾解、心理保健作用。因此，在大学中推广正念冥想训练的必要性和可行性较高，预期可产生较好的积极效果。

参考文献

[1] 陈林，万攀兵．中国高等教育扩张的得与失——围绕国内学术界三大争鸣的政策效应评价［J］．中国人口科学，2017（1）：115－125，128.

[2] 肖丹．心理学基础［M］．2版．北京：人民卫生出版社，2008：135－149.

[3] 晋竹筠，施莹芳，彭文彬．高校大学生抑郁症的成因及预防探析［J］．西南林业大学学报（社会科学），2021，5（2）：101－106.

[4] 吴少丹．当代大学生心理健康课堂教育现状及提升研究［D］．武汉：武汉理工大学，2017.

[5] 李明，朱惠，周尚谕，等．媒介接触对大学生抑郁症认知的影响研究［J］．传媒观察，2021（3）：68－77.

[6] 葛琳，阮妍妍．正念认知疗法治疗抑郁症的可行性及有效性分析［J］．心理月刊，2021，16（8）：91－92，150.

[7] 赵劲松，韩冰．正念冥想训练对抑郁症患者希望水平及心理状态的影响［J］．心理月刊，2020，15（6）：29，31.

[8] 傅菊萍，来燕红，金彬彬，等．正念冥想对抑郁症患者认知能力及睡眠障碍的影响［J］．中国乡村医药，2021，28（2）：46－47.

翻译类

浅析对等理论

石宝华*

摘要：本文探讨了对等理论及其功能，对等所要求的“切近”“自然”和“对等”。

关键词：功能对等；切近；自然；对等

1 动态对等

翻译理论在批判中不断前进。中国的翻译理论从严复的“信、达、雅”，傅雷的“神似”，到林语堂的“忠实、通顺和美”[1]，百花齐放。从20世纪下半叶开始，国内外的翻译理论建设迅速发展，尤金·奈达作为当代翻译理论的主要奠基人，在这一时期提出功能对等理论。

功能对等的前身是动态对等，后改为功能对等。奈达对此是这么解释的：“动态对等是根据‘最接近的自然对等’来加以讨论。但术语 dynamic 被一些人误认为仅指某种富有感染力的东西。因而，使许多人认为，如果译文具有很强的感染力，那么它一定是动态对等的范例。由于这种误解，为了强调功能这一概念，使用‘功能对等’这一术语似乎更为令人满意。”[2]

奈达对于动态对等下的定义为：“所谓翻译，是在译语中用最切近又自然的对等语再现原语的信息，首先，是意义；其次，是文体。”[3]在这一定义中的切近是指“切近原语的信息”；“自然”是指译语的表达方式；“对等”是将

* 石宝华，北京工商大学外国语学院讲师，主要研究方向为英语翻译。

上述两者结合起来。笔者认为，定义中的“切近”可以理解为，我们经常说的“忠实”，“忠实”地传达原文所要表达的全部意义和原文所包含的全部信息。“自然”是在向读者靠拢，让译语更加通顺易懂，合乎规范。这种“自然”不仅是语言上的，也应该是文化上的。“对等”是将两者的结合，既要“忠实”又要“通顺”。并且，这里的“对等”还有更深层次的含义。金隄认为，翻译中需要的“对等”是一种综合性的关系，不是机械地综合语言学、语义学、语用学等方面的“对等”，而是依靠艺术的眼光和文化语言素养，全面细微地考虑各方面因素。效果上的“对等”，是这样一种综合性的对等关系[4]。奈达又区分了翻译中的形式对等和动态对等，形式对等指原文形式的忠实再现，而动态对等则指原文与译文具有相同的超语言的交际效果。功能对等所追求的，如傅雷所说的那样：“理想的译文仿佛是原作者的中文写作。”[5]金隄肯定了功能对等理论的功绩，认为直译强调忠实，实际焦点落在语言形式的“对等”，忽视了效果。自由译强调美，焦点落在译文效果，忽视了“对等”；动态对等概念把焦点放在两种效果的对等上，解决了这个本来似乎无法解决的矛盾。

2 语言功能对等

然而，一种语言很难和另一种语言达成完全的“对等”。奈达大胆地提出翻译要达到的不是语言的“对等”，而是语言功能的“对等”。他提出“最高层次的“对等”和“最底层次的对等”这两个概念。最高层次的“对等”指的是“译文达到高度的对等，使目的语听众或读者在理解和欣赏译文时所做出的反应，与原文听众或读者对原文的理解和欣赏所做出的反应基本上一致”。而最低层次的“对等”，指的是“译文能达到充分的对等，使目的语的听众或读者能理解和欣赏原文听众或读者对原文的理解和欣赏”[6]。通过这种不同层次的划分，奈达将功能对等的范围扩大，而没有只承认一个标准的“对等”。这样在实际的翻译过程中是更加可行、更加实际的。

奈达在探讨功能对等的时候，对形象化的语言的翻译也做出了探讨，对翻译比喻句比较多的文体有一定的指导意义。奈达认为，由于形象化词语缺乏紧密的对应，这就需要用译语中的非形象化词语来翻译原语中的形象化词语。但如果过多地把形象化语言变成非形象化语言，文章的感染力就会丧失殆尽，翻译诗歌时这一点特别重要。为了弥补这一不足，用译语中的形象化词语去翻译原语中的某些非形象化的词语也是很重要的，这样就能达成与原语的某种平衡。

参考文献

[1] 罗新璋. 翻译论集 [M]. 北京：商务印书馆，1984.
[2] NIDA E. 语言文化与翻译 [M]. 严九生，译. 呼和浩特：内蒙古大学出版社，1998.
[3] 郭建中. 当代美国翻译理论 [M]. 武汉：湖北教育出版社，1999.
[4] 金隄. 等效翻译探索 [M]. 台北：书林出版社，1998.
[5] 罗新璋. 翻译论集 [M]. 北京：商务印书馆，1998.
[6] 郭建中. 当代美国翻译理论 [M]. 武汉：湖北教育出版社，1999.

汉语中“影响”一词的英译

陈秀珍*

摘要：大学生在学习英语的过程中，需要不断积累和熟练掌握几千个英语单词、短语和习语等，为逐步满足用英语进行口头和书面交流打下坚实的基础。他们在用英语表达自己的观点、见解或者态度时，会自觉或者不自觉地把想要表达的内容进行汉英翻译。在多年的教学过程中，笔者发现学生对汉语中的“影响”一词的英语表达，时常比较单一。本文旨在深入讨论汉语中表示“影响”意义的英文表达方式，从而帮助大学生用恰当的英语词汇体现“影响”一词的意义。

关键词：汉译英；“影响”的英文表达

大学生在多年的英语学习过程中需要不断积累几千个英文单词、词组和习语等，并且需要经常进行练习和使用才能熟练掌握其中一部分词汇和表达方式。即使掌握了足够多的词汇和表达方式，学生在口语和书面语中表达汉语中的“影响”一词作为谓语时，选择使用的英文词汇往往是 affect、influence、impact 或者是由它们的名词和一些动词组成的词组。这样的直接一一对应式的翻译，有时候并不足以准确或者恰当地表达汉语中“影响”一词的意义。

《现代汉语词典》对“影响”一词的定义中，动词对应的意义是“对别人的思想或行动起作用”，给出参考的英文释义是 influence; affect; produce an impact over other's thinking or actions[1]。名词对应的意义是“对人或事物所起的作用”，给出参考的英文释义是 effect; influence exerted over sb. or sth. 。然

* 陈秀珍，北京工商大学讲师，主要研究方向为跨文化交际。

而，在实际应用中，汉语中的“影响”与英语中的 influence 或 affect，以及它们的名词形式在意义上并不完全对等。

我们先看一下《牛津高阶英汉双解词典》中对 influence、affect，以及 impact 的释义是 influence 作为动词，释义是 to have an effect on the way that sb behaves or thinks，especially by giving them an example to follow（汉语释义：影响；对……起作用）[2]。

affect 作为动词，释义是①to produce a change in sb/sth（汉语释义：影响）；②（of a disease）to attack sb or a part of the body；to make sb become ill/sick（汉语释义：疾病侵袭，感染）；③to make sb have strong feelings of sadness，pity，etc.（汉语释义：感情上深深打动；使悲伤或怜悯等）。

impact 作为动词，释义是①to have an effect on sth（汉语释义：对某事有影响，有作用）；②to hit sth with great force（汉语释义：冲击；撞击）。值得注意的是，它的名词的释义中，排列在首位的是 the powerful effect that sth has on sb/sth（汉语释义：巨大影响；强大作用）。

由此可见，英文中的 influence、affect、impact 比汉语中的“影响”一词的意义更具体。而汉语中表达的“影响”，既能表达正面的、积极的方面，也能表达负面的、消极的方面。汉语中的“影响”一词在有些句子中表达的内容比较丰富，在翻译成英文时，也许需要使用除上述三个单词之外的其他词汇来表达。例如，大雪严重影响了交通，翻译为 The heavy snow seriously held up the traffic，比较妥当；浓雾影响了我的视野，翻译为 The heavy fog blocked my view. 比较合适；噪声有些影响我的睡眠，翻译为 The noises somewhat disturbed me in my sleep；高中时谈恋爱可能会影响学习，翻译为 Having a love affair at high school might compromise one's academic achievements。

涉及“影响”一词的例句很多，以上几个例句并不足以涵盖全部实例。然而，以上例句中的“影响”一词，均没有选用 affect、influence 或者 impact，却能恰当地表达原文的意思。因此，我们在翻译“影响”一词时，需要联系上下文，仔细琢磨该词语所要表达的实际意义，然后根据情境需要选取合适的英文词汇进行翻译。

参考文献

[1] 中国社会科学院语言研究所词典编辑室．现代汉语词典（汉英双语）[M]．增补本．北京：外语教学与研究出版社，2002.

[2] HORNBY A S. 牛津高阶英汉双解词典 [M]．第六版．北京：商务印书馆，牛津大学出版社（中国）有限公司，2004.

大学英语四级考试翻译题中连词 as 的使用

李学勤*

摘要： 大学英语四级、六级考试中汉译英一直是学生的难点。学生在汉译英时，经常用中式英语的惯性表达，使翻译的内容缺乏张力和灵动性。在翻译教学中，教师需要让学生了解英语语言表达的变化的多样性。as 作为一个很重要的英语连词，具有多重语义和功能。掌握好 as 作为连词的使用方法，能够避免乏味的惯性英语表达重复出现，让汉译英的内容更具可读性。

关键词： 大学英语四级、六级考试中的翻译题；连词 as；惯性表达

1 as 的用法概述

as 一词在英语中用法比较复杂。从词类上讲，as 可以用作介词、副词、连词、关系代词。从语法功能上讲，as 可以和它的宾语一起构成介词短语，可引导状语从句、定语从句，还可修饰形容词或其他副词。此外，还可用于很多习语中[1]。可以说，as 具有多样的语法功能，无论独立使用还是和其他词语搭配使用，都会影响学习者对句子的理解。本文将从汉译英的角度探讨 as 作为连词的使用。

as 作为从属连词，主要有以下 5 种用法：①表示时间，“正当……的时候”“在……的时候”“随着……”。这种从句一般只表示一段时间，主从句动作往往同时发生。②表示原因，意思是“因为、既然”。这类从句与主句往往

* 李学勤，北京工商大学副教授，主要研究方向为翻译教学、应用语言学。

具有十分明显的因果关系特点，从句表示动作的原则，主句表示动作的结果。③表示让步，意思是“虽然……；尽管……；无论……”。这种从句一般位于句首，语气比 though 或 although 从句强些。④表示方式，意思是“如、像、按照……”，说明主句的动作是按照什么方式、方法进行的。⑤表示比较，主要用在 as……as 和 so……as 句型中。

根据陈月梅、欧静华 2016 年对 2004—2013 年大学英语四级真题中的阅读篇章中 as 的用法研究，as 作为连词的使用频率高达 49 次（总出现频率为 242 次）[2]。可以说，as 作为连词在英语篇章中发挥重要的语言功能。因此，本文将具体探讨大学英语四级、六级考试翻译中被学生忽略的连词 as 的使用。

2　大学英语四级考试翻译题中连词 as 的使用

大学英语四级、六级考试翻译题中，频繁出现“随着……”“由于……”“为了……”的汉语句式，学生采用 With…、due to…/because…和 in order to …等类似中式英语的惯性表达。殊不知，如果能够运用 as 的连接作用，会让翻译更具变化和张力。

例句 1：如今，随着经济的发展和生活水平的提高，越来越多的中国人包括许多农民和外出务工人员都能乘飞机出行。（2018 年 6 月大学英语四级考试真题第 1 套）

翻译为：Nowadays, with the development of China’s economy and the improvement of people’s living standards, more and more Chinese people, including many farmers and migrant workers, can travel by air.

该句用连词 as 来翻译，“Nowadays, as China’s economy grows and people’s living standards improve…”这样既可以避免较长的“with…”短语，也可以跳出“随着…”句式的惯性表达。

例句 2：近年来，由于通信网络的快速发展，中国智能手机用户数量以惊人的速度增长。（2018 年 12 月大学英语四级考试真题第 1 套）

翻译为：Because of the rapid development of communication network, the number of smart-phone users in China has increased at an astonishing rate in recent years.

该句用连词 as 来翻译，As communication network grows rapidly…，如此变

换可以让句子更加精练。

例句3：为了鼓励人们多消费，许多商店给使用移动支付的顾客打折。（2018年12月大学英语四级考试真题第3套）

翻译为：In order to encourage people to spend more, many stores offer discounts to consumers who use mobile payment.

该句用连词 as 来翻译，many stores offer...as they seek to encourage consumers to spend more. 如果这样变换一下句式就可以让读者耳目一新。

3 结 语

掌握好 as 作为连词的语义和功能，并灵活运用于大学英语四级考试的翻译题中，将会让译文更具可读性。

参考文献

[1] 冉明志. as 的用法浅析 [J]. 西昌师范高等专科学校学报，2003（9）：23-25.
[2] 陈月梅，欧静华. 大学英语四级阅读篇章中 as 的用法研究 [J]. 成都师范学院学报，2016（7）：63-67.

严复译《天演论》教学实践分析*

刘思含**

摘要：2020 年 6 月 1 日，教育部印发了《高等学校课程思政建设指导纲要》，全面推进高校课程思政建设。本文以严复翻译《天演论》的教学实践为例，对在翻译教学中融入思政要素、培育家国情怀进行探讨。

关键词：《天演论》；翻译教学；课程思政

1 引 言

2018 年 9 月，习近平总书记在出席全国教育大会时指出："要把立德树人融入思想道德教育、文化知识教育、社会实践教育各环节。"[1]就外语专业教学而言，推进课程思政建设不仅培养学生的外语能力，还在学生的学习中培养家国情怀，开阔国际视野[2]。北京工商大学英语（商务翻译）专业大三年级开设"翻译文学选读"课程，本文将以课程中涉及严复译《天演论》部分的教学实践为例，对在翻译教学中融入思政要素、培育家国情怀进行分析。

学界对于严译（严复翻译）的论述主要着眼于：一是把严复作为近代重要启蒙思想家来论述他的进化论观点和他对西方学术的传播（史学、思想界）；二是把严复作为翻译家来谈论他的译文及他提出的"信、达、雅"翻译要则（外语界、翻译界）[3]。正是基于此，针对严译《天演论》的教学实践主

---

* 本文为教育部 2020 产学协同育人项目"大学英语分级教学线上授课模式探索"（项目编号：202002038044）的部分研究成果。

** 刘思含，北京工商大学外国语学院讲师，主要研究方向为英汉翻译。

要围绕历史意义及译学价值两个方面进行，并在教学过程中融入思政要素。

2 严译《天演论》的历史意义

严复在清末译介西方思想中发挥着举足轻重的作用，堪称“介绍近世思想第一人”“中国西学第一者也”（胡适、康有为语）[4]。严译《天演论》成书之际，正值清末风雨飘摇，更添甲午战争新败。严复作为志在报国的知识分子，为何会在此危急时刻选择翻译英国学者赫胥黎关于进化论的著作 *Evolution and Ethics and Other Essay*?（《天演论》），教师可在教学实践中以此问题为先导，引导学生思考进化论对当时社会现实的指导意义。“物竞天择”“适者生存”“优胜劣汰”不仅存在于自然界，也适用于人类的进化，适用于国家间关乎存亡的竞争。严复在“译例言”当中将“文章正轨”作为“译事楷模”，而其选择的翻译对象本身也一定载有他所认同且欲传播的道[5]。严译《天演论》正是为着以进化论警醒世人、启迪民智、救亡图存。

除《天演论》外，严复毕生笔耕不辍，致力于译介西方政治经济学著作，其中包括亚当·斯密的 *Wealth of Nations*（严译《国富论》）、赫伯特·斯宾塞的 *The Study of Sociology*（严译《群学肄言》）、约翰·S. 穆勒的 *On Liberty*（严译《群己权界论》）、孟德斯鸠的 *The Spirit of Laws*（《论法的精神》，严译《法意》）、约翰·S. 穆勒的 *A System of Logic*（严译《穆勒名学》）等[6]。在教学实践中，通过分析严译《天演论》的目的、动机，并补充其他严译著作，可自然推出译者的使命与价值与国家兴亡密不可分的结论。

3 严译《天演论》的译学价值

严复在翻译《天演论》时，有非常明确的目标，即以进化论的观点警醒世人、启迪民智，以期实现“自强保种”。在此目标指导下，严译《天演论》中处处可见对于原文信息的选择翻译，或以严复自己的译笔进行的改写。最明显的一例应为对标题 *Evolution and Ethics and Other Essays* 的翻译，严复题名“天演”，取“进化”而舍“道德”，充分体现严复本身的政治思想[7]。严复在“译例言”中感叹“译事三难，信、达、雅”，并在实际翻译的过程中，使用“汉以前字法、句法”，充分发挥中文“雅”的优势进行翻译，以符合当时的文化审美。

在教学过程中，除对具体翻译策略技法进行分析外，也可得出：译者在具体翻译实践中，应承担文化沟通之责，在翻译策略选择上，应以时代和文化发展要求为导向。

4 结 论

本文通过对严译《天演论》教学实践的过程进行分析，探索在翻译教学过程中融入思政要素。教师一方面，对教材中的文本，如《天演论》及其译、评进行深入挖掘，帮助学生体会其中蕴含的家国情怀；另一方面，通过对具体翻译策略、原则的分析，从文化沟通的角度切入思政内容。

参考文献

[1] 习近平全国教育大会重要讲话金句速览［EB/OL］.（2018 - 09 - 11）［2021 - 05 - 11］. http：//edu. people. com. cn/n1/2018/0911/c1053 - 30286259. html.

[2] 崔国鑫 . 高校外语专业课程思政建设思考与探索［J］. 国家教育行政学院学报，2020（10）：37 - 42，77

[3] 王克非 . 论严复《天演论》的翻译［J］. 上海翻译，1992（3）：6 - 10.

[4] 王东风 . 英汉名译赏析（增订版）［M］. 北京：外语教学与研究出版社，2020：3.

[5] 许健 . 以“达”为尊，既“信”且“雅”——严复“译例言”及严译《天演论》重读［J］. 中山大学学报（社会科学版），2013（3）：28 - 35.

[6] 让 · 德利尔，朱迪斯 · 伍兹沃斯 . 历史上的译者［M］. 管兴忠，等译 . 北京：中译出版社，2018：309 - 310.

[7] 邓隽 . 从目的论管窥严复译《天演论》［J］. 上海翻译，2010（2）：73 - 75.

以评促建提升翻译硕士人才培养质量

——以北京工商大学 MTI 为例

关 涛*

摘要：本文从 2018—2021 年三次专业评估体系和评估要素出发，以北京工商大学翻译硕士为例，从课程思政、凝练特色和双导师制方面探讨如何以评促建提升翻译硕士人才培养质量。

关键词：评估；MTI；培养质量；以评促建

1 引 言

北京工商大学外国语学院于 2014 年获得翻译专业硕士（MTI）学位授予权，自 2015—2021 年共招生 117 人，培养毕业生 71 人。招生人数逐年递增，第一志愿报考生源大幅增加。本专业自开办以来历经 3 次专业评估：第一次是 2018 年全国专业学位授权点专项评估；第二次是 2020 年全国专业学位水平评估；第三次是 2021 年全国学位授权点周期性合格评估。从评估体系与要素的调整可以看出，评估的重心越来越转移到人才培养质量上来。本文从这三次评估体系的调整入手，以北京工商大学 MTI 为例，探讨如何以评估为契机、以评促建、以评促改，提升 MTI 人才培养质量。

* 关涛，北京工商大学外国语学院副教授，硕士生导师，主要研究方向为比较文学与英美文学批评。

2　评估体系的调整

2018 年全国专业学位教育评估的评估体系下设“办学理念”“师资队伍”“教学资源”“教学内容”“教学管理”和“教学质量”6 个一级指标，从评估体系下设的 6 个一级指标可以看出，这次评估的关键词是教学，重点评估与教学相关的内容。

2020 年全国专业学位水平评估构建“教学质量”“学习质量”和“职业发展质量”三维度指标体系：“教学质量”分设“培养方案与特色”“思政教育成效”“课程与实践教学质量”“学生满意度”4 项二级指标；“学习质量”分设“在学成果”“学生获得感”2 项二级指标；“职业发展质量”分设“毕业生质量”“用人单位满意度”“服务贡献与社会声誉”3 项二级指标。

2021 年全国学位授权点周期性合格评估要素围绕“目标与标准”“基本条件”“人才培养”和“服务贡献”4 项一级指标设置，其中人才培养包括“招生选拔”“思政教育”“课程教学”“导师指导”“学术训练”“学生交流”“论文质量”“质量保证”“学风建设”“管理服务”和“就业发展”11 项二级指标。

从这三次评估体系和要素指标的调整可以明显看出，评估关键词从“教”到“学”、从“师”到“生”的转变，评估中越来越关注人才培养质量，强调所有教学、管理和实践环节都要围绕提高人才培养质量这个目标来进行。如何以评促建，提升人才培养质量，完成 MTI 人才培养目标，培养适应国家经济、文化、社会建设需要的高层次、应用型、专业性口、笔译人才，是每个 MTI 授权点需要思考的问题。

3　以评促建，提高 MTI 人才培养质量

结合上述专业评估体系和要素的调整，以下从思政教育、培养特色和双导师制三方面探讨如何以评促建，提高 MTI 人才培养质量。

3.1 课程思政，育人化人

政治、道德、文化和职业素养是新时代对翻译人才的基本要求，在翻译硕

士培养过程中开展思政教育、实现课程思政与专业课程的无缝对接是翻译人才培养质量的有力保障[1]。

针对课程思政在专业硕士培养过程中的日益重要性，以及评估体系中对课程思政指标的要求，北京工商大学 MTI 授权点在 2020 年修订培养方案时，在培养目标中增加了思政内容，所有课程大纲都增加了思政要素，学校还举办了第一届研究生课程思政最美课堂大赛。口译、笔译基础课程，以及机辅翻译、翻译工作坊、翻译批评与赏析和中华文化译介等选修课程，选取提升学生道德素养、文化素养和职业素养的教学内容与素材，最佳范例是《习近平谈治国理政》，通过汉英互译实践和双语文本的研读与鉴赏来帮助学生全面了解我国取得的巨大成就，培养学生的理想信念和家国情怀，同时提高翻译专业水平，实现理论与实践的有机结合，为讲好中国故事做好知识与技能上的准备，达到“润物细无声”的育人效果。

3.2 修订培养方案，凝练培养特色

专业硕士与学术硕士的区别在于前者重在培养应用型人才，而后者倾向培养研究型人才，这就要求培养单位在课程设置上转变传统的理论型授课观念，多开设提高学生翻译技能的实践性课程；同时培养单位应结合自身定位建构特色鲜明的翻译人才培养模式，提高应用型翻译人才培养的质量[2]。

北京工商大学 MTI 授权点依托学校法商学科优势，制订以法商为特色的培养方案和课程设置，开设商务翻译、法律翻译、高级法商笔译等专业必修课和法商案例翻译、法商英语读写、国际商法、国际商务等专业选修课，加强法商翻译实践，培养具有扎实英汉双语基本功、较强翻译实践能力、掌握国际法律商务知识、能胜任国际法律商务翻译工作的高层次、应用型、专业性笔译人才。北京工商大学 MTI 授权点于 2018 年的专业学位专项评估中获评“特色鲜明”称号，并取得较好的社会美誉度。近年来，法商特色得到加强，毕业生大多到企业从事法商方面的翻译工作，毕业去向与培养方向契合度较高。

3.3 内外双师指导，保障培养质量

专业学位研究生的培养要求配备校内导师和校外具备丰富实践经验的行业专家，共同指导学生的学习、实践和论文环节。2020 年专业水平评估和 2021 年专业合格性评估都设置了双导师制的评价要素。

北京工商大学 MTI 授权点聘任多名翻译行业专家，聘请行业导师举办系列专题讲座，开阔学生专业视野，提升学生职业素养，并建立多家翻译实践基地，带领学生参与翻译实践和培训，提高学生翻译技能。校外导师与校内导师共同指导学生毕业论文，更多从实践角度提高学生译文与翻译报告质量。毕业论文是检验学生在学成果的重要手段，双导师制的有力实施，为提高翻译人才培养质量提供了保障。

4 结 语

虽然专业评估是教育部对各专业授权单位的人才培养质量进行监督和指导的一种形式，但不能走过场，而是要按照评估体系和评估要素科学合理地改进人才培养过程，各授权单位要变压力为动力，做到以评促建、以评促改。北京工商大学 MTI 授权点将以评估为契机，推进翻译专业建设，提升翻译人才培养质量，为国家建设培养高质量、高水平的翻译人才。

参考文献

[1] 曹进，陈霞．翻译硕士培养过程中的思政教育实践研究——以西北师范大学“国策与省情”课程为例［J］．中国翻译，2019（3）：105.

[2] 文明凤．我国翻译硕士学位教学现状与复合型翻译人才培养［J］．外语教育与翻译发展创新研究，2020（10）.

从法律翻译的准确性特点论“遵守”一词的翻译

姜晓菁*

摘要：如今，中国法律翻译已经取得可观的成果，但法律文本翻译中的不规范、不准确的现象屡见不鲜，因此选择准确的词汇成为精准翻译法律文本的一项重要工作。法律词汇翻译的精准度在很大程度上，决定了整个法律文本翻译的质量和水平。准确性是法律翻译的基本原则，也是核心要求。本文将以法律高频词汇“遵守”一词的英译为例，阐释法律翻译的准确性特点。

关键词：法律翻译；法律词汇；准确性

1 法律翻译准确性对词汇提出的要求

法律语言必须具有法律效力，因此要求法律语言的措辞准确严谨，而作为法律翻译中的一个重要组成部分，法律词汇的准确与否至关重要。法律术语繁多、法律语言的精确性、法律文本的复杂性、法律概念的专业性等特点都加大了法律翻译的难度，对法律词汇翻译的质量提出的要求也更加严格。法律作为一门专业性很强的独立学科，通常来讲，法律文本翻译要遵循准确性和精确性、规范性、庄重性等原则，其中最为重要的即为准确性和精确性原则[1]。在其他类型的文本中，可以用同义词表达相同概念，然而在法律文本中，即使两种意义完全相同的词汇，也不能够表达相同的法律概念。法律词汇的翻译应遵

* 姜晓菁，北京工商大学外国语学院翻译专业硕士研究生，研究方向为法商翻译。

循其精准性、规范性原则，要切合法律文本的使用语境和范围，选择合适的词汇或短语，使译文能够准确传达原文的法律含义[2]。因此，在法律翻译中要注意词汇的选择是否准确，切忌选择词义不确定或含义模棱两可的词汇。

2 准确性原则下“遵守”一词的翻译

准确性是法律文本翻译的最重要的要求之一，这就需要译者对法律文本的每个词的特定概念进行仔细思考。法律词汇作为法律制度的核心部分，具有其法定的适用范围和语义，要求根据特定的语境加以确定[3]。因此，在翻译法律词汇时，如高频法律词汇“遵守”的翻译，其相对应的英文翻译远不止一个，选取哪个对应的英译，应充分考虑语义范围和上下文语境，选用恰当的词汇进行翻译。

大多数情况下“遵守”对应的英文是 comply with、in compliance with、in conformity with 等。例如，原文：Since December 2010，all building work must be carried out in compliance with the state and local law.

翻译为：自 2010 年 12 月起，所有施工必须遵守国家和当地的地方性法规规定。

在该语境下，“遵守”表示必须服从的、十分明确的、强制性的规定，因此该短语也可用 must be subject to 代替，这两种用法所表达的意思和语气相同。表强制程度之高时，还可以用形容词或副词加以修饰，如 strictly comply with 或 be in strict compliance with。从句义和用法来看，这两个短语都可以表示“遵守”之意，但考虑到与主语的搭配，comply with 与 in compliance with 还是有区别的，主要体现在以下方面：comply with 的主语或施动者大多是有灵主语或至少是“法人”的概念；而 in compliance with 前接无灵主语，从逻辑上讲，无灵主语无法主动行使某种法律义务或执行某一指示，但可以用来描述状态。以下译例可进一步区分这两个短语的用法。原文：“资金可以一次性付清，也可以是分期付款，但首次拨付的资金必须符合/遵守本法规定的最低限额。”首先我们要分析其主语，“首次拨付的金额”作为主语，很明显是无灵主语句，所以此处不可以用有灵主语的 comply with，而应该用 in compliance with 来表示，因此译文可以是...the initial payment must be in compliance with the minimum requirement as prescribed by this law。

再如，原文：Failure to comply with the regulations will result in prosecution.

翻译为：“不遵守规章制度将被起诉。”

本句没有出现明显的主语，不过稍加分析便能看出，文中隐含了有灵主语“人”，因此本句的“遵守”用的是 comply with 而不是 in compliance with。

3 结 语

通过以上例子，我们能清晰地看出，“遵守”英译本之间的区别，在面对不同的主语时，译者需要做出不同的选择，而不能根据表面意思做取舍，而是要遵循其严谨性又要符合法律逻辑，在准确传达原法律文本的基础上，遵循法律翻译的准确性、规范性、逻辑性等翻译原则。

参考文献

[1] 斯艳红．英汉法律词语的特点及翻译［J］．产业与科技论坛，2018（5）．

[2] 张法连．英美法律术语汉译策略探究［J］．中国翻译，2016（2）．

[3] 李克兴．法律翻译译注评［M］．北京：清华大学出版社，2018．

如何应对英汉口译中的多元口音

王致虹*

摘要：在英汉口译过程中，译员常无法准确听懂多元口音的英语原语，从而导致口译质量下降。因此，如何应对英汉口译中的多元口音成为英汉口译研究的一个重要课题。本文试分析英汉口译中常见的英语口音及其特点，并提出口译中的应对策略。

关键词：英汉口译；多元口音；口译实践

在国际会议中，英汉口译员常遇到口音较重的英语讲者，若再叠加上原语语速快、内容专业性高等因素就会显著影响口译质量。因此，把握英汉口译中英语口音的主要种类和特点，熟练掌握其应对策略，对口译员而言具有重要的意义。

近年来，随着“一带一路”倡议等对外交流的不断深入，在中国内地举办的国际会议中外籍演讲者的国别日益多元化，其中口音较重、较难懂的演讲者大多来自法国、德国、俄罗斯为代表的欧洲国家，印度、泰国、日本为代表的亚洲国家，巴西为代表的南美洲国家和坦桑尼亚、尼日利亚、南非为代表的非洲国家。

想要在英汉口译中准确听懂各类口音，译员应当对国际会议中常见的英语口音进行发音规律的总结。通常，口音较重的讲者在说英语时，发音带有浓厚的母语痕迹，因此只要找出对应母语的常见发音特点就能大概掌握该英语口音的发音规律了。

---

* 王致虹，北京工商大学外国语学院讲师，主要研究方向为口译理论与实践。

以印度口音为例，受其母语发音规则影响，印度口音常出现清辅音浊化的现象，如/p/读作/b/，/k/读作/b/，/t/读作/d/。印度讲者还常把/r/读作/l/，如单词 robot 的第一个音节常读作/lo/。/ð/读作/t/也是印度口音的另一特点，如单词 this 常读作/tɪs/[1]。

在明确了印度英语口音的发音规律后，下一步是找一个难度适宜的印度演讲者用英语发言的音频或视频材料进行听辨练习，试着应用总结好的规律识别讲者所说的内容。通过一定量的练习译员就能比较顺利地听懂印度口音了。

除非母语讲者外，母语为英语的讲者往往也带有口音，不过这些大多较好辨认，仅少数辨认难度大，如爱尔兰口音、苏格兰口音。

值得注意的是，由于英语口音种类繁多，译员很难全面掌握其发音规律。因此，笔者建议译员重点总结前文提及的国际会议中最常见英语口音的发音规律，并进行练习，这样就能基本满足国际会议的口译需求。

参考文献

[1] 戴永明. 印度英语的语音特征 [J]. 解放军外国语学院学报，2000，23（6）：58-60.

翻译教学中思政教育实践初探*

刘　婧**

摘要：本文研究的是在新形势下，如何在翻译教学中融入思政教育的有益尝试，如以权威时政选材、法商翻译语料作为教学内容，通过翻转课堂、翻译实践、翻译赏析强化思政元素，凸显翻译课程的显性引导和育人育德的隐性功能，以实现课程思政与翻译课程的有效结合。

关键词：翻译教学；思政教育；翻转课堂

1 引　言

教育部于2020年5月印发的《高等学校课程思政建设指导纲要》指出："全面推进课程思政建设，就是要寓价值观引导于知识传授和能力培养之中，帮助学生塑造正确的世界观、人生观、价值观，这是人才培养的应有之义，更是必备内容。这一战略举措，影响甚至决定着接班人问题，影响甚至决定着国家长治久安，影响甚至决定着民族复兴和国家崛起。要紧紧抓住教师队伍'主力军'、课程建设'主战场'、课堂教学'主渠道'，让所有高校、所有教师、所有课程都承担好育人责任，守好一段渠、种好责任田，使各类课程与思政课程同向同行，将显性教育和隐性教育相统一，形成协同效应，构建全员全

---

* 本文得到北京工商大学研究生院教改项目"基于（CATTI）翻译专业资格认证考试的新型MTI笔译教学模式研究"项目（编号：2020YJG2）的资助。

** 刘婧，北京工商大学外国语学院副教授，主要研究方向为翻译理论与实践、翻译教学、英语教学。

程全方位育人大格局。"[1]基于此，本文旨在对翻译教学中的思政教育进行研究探索。

2 翻译教学中思政教育的重要性

高校翻译课程教学不仅要将思想政治教育纳入翻译教学课，还要深入探索和挖掘翻译课程中的思想政治教育资源，发挥课程思政在翻译课程中教书育人的根本作用[2]。思政教育能够强化翻译课程的立德树人功能，培养学生正确的政治立场与翻译观，具备责任意识。

3 翻译教学中思政教育实践

3.1 翻译实践

教师将翻译任务提前布置给学生，学生借助美国当代英语语料库（Corpus of Contemporary American English，COCA）、英国国家语料库（British National Corpus，BNC）检索语料、词汇的搭配倾向与意义。在课堂上学生谈论选词句式搭配，分享背景知识及翻译过程。翻译任务选材应具有时政性，并结合法商翻译语料[3]。

3.2 翻转课堂

在课前，教师将与课堂内容相关的翻译选材和阅读文献提前布置给学生，学生在课堂进行讨论交流，以此避免教师的"一言堂"。在翻转课堂上，由于课程内容的学习是在课前由学生自主完成的，教师在课堂上有充足的时间组织各种让学生在"做中学"的教学活动，由单纯的理论知识传授转向理论运用能力的锻炼，翻转课堂使学生作为教学活动的主体参与教学过程，提高学生对于课程的参与度和积极性[4]。

3.3 翻译赏析

选择权威英汉译文，进行双语文本研读和翻译赏析。学生在了解中国治国理念、传统文化、政策法规的同时学习具有中国特色的国俗语义词的有效翻译，以及官方译文中的国家立场。例如，研读《习近平谈治国理政》《反分裂国家法》等译文，学习和思考如何利用恰当的外文有效地翻译具有中国特色的语言内容。通过不断研读、对比，逐渐树立正确的世界观、健康的人生观和坚定的中国文化价值观[5]。还可以选用联合国文件、《经济学人》等西方主流媒体刊物的译文，使学生了解中国参与全球治理背景、西方先进的文化价值理念，形成更具国际化视野的翻译观。教师在教学中，做到专业学习与思政教育相结合，显性教育与隐性教育相结合。

4 结 论

在翻译教学中，进行思政教育，引导学生深度学习、精准翻译，坚守中国文化价值观，培养家国情怀，正确认识中西方差异（包括立场差异），培养国际化视野，体现教学创新价值，促进学生学业能力与培养学生正确的翻译观共同发展。

参考文献

[1] 教育部关于印发《高等学校课程思政建设指导纲要》的通知 [EB/OL]. (2020-06-01) [2021-05-11]. http://www.moe.gov.cn/srcsite/A08/s7056/202006/t20200603_462437.html.

[2] 司显柱. 翻译教学的课程思政理念与实践 [J]. 中国外语，2021 (3): 97-103.

[3] 黄友义. 服务改革开放 40 年，翻译实践与翻译教育迎来转型发展的新时代 [J]. 中国翻译，2018 (3): 5-8.

[4] 姜倩，陶友兰. “翻转课堂”在 MTI 翻译理论教学中的应用与效果分析——以 MTI《翻译概论》课教学为例 [J]. 外语教学，2018 (5): 70-74.

[5] 曹进，陈霞. 翻译硕士培养过程中的思政教育实践研究——以西北师范大学“国策与省情”课程为例 [J]. 中国翻译，2019 (3): 105-113.

浅谈译者主体性在法律翻译中的发挥*

张　也**　刘　婧***

摘要：译者是翻译的主体，也是民族文化建构的重要参与者。随着翻译研究的“文化转向”，翻译主体研究得到了应有的重视。随着全球化进程的不断深入，法律及法律翻译在其中发挥越来越重要的作用。

关键词：译者主体性；法律翻译；法律语言

本文对译者主体性、法律语言、法律翻译的特点进行分析，并且通过一些译例来分析译者主体性在法律翻译中的发挥。

1　引　言

20世纪70年代以来，翻译研究的文化转向使人们开始关注译者的作用。什么是译者主体性？查明建教授给出了这样的解释：“译者主体性是指，作为翻译主体的译者在尊重翻译对象的前提下，为实现翻译目的而在翻译活动中，表现出的主观能动性，其基本特征是翻译主体自觉的文化意识、人文品格和文化、审美创造性。”[1]可见，译者主体性强调了译者的主观能动性。

---

* 本文得到北京工商大学研究生院教改项目“基于（CATTI）翻译专业资格认证考试的新型MTI笔译教学模式研究”项目（编号：2020YJG2）的资助。

** 张也，北京工商大学外国语学院2020级翻译硕士研究生，研究方向为英语笔译（法商特色）。

*** 刘婧，北京工商大学外国语学院副教授，主要研究方向为翻译理论与实践。

2 法律语言与法律翻译的特点

法律作为一个专业学科，其语言与立法或司法活动紧密相连，立法司法的严谨性要求法律语言也必须准确、严谨、简明[2]。由于法律语言是专业法律人士所用的语言，所以法律翻译呈现精准的特点。法律语言的专业性决定了法律翻译的专业性。很多在日常生活中普遍应用的词汇，一旦到了法律文本中，便有了特殊的法律意义，如 complaint 一词，普通翻译是“抱怨”，但在法律文本中通常指“起诉书”；法律翻译通常会选用一些正式的词汇以反映法律的庄重严肃，如“采购协议”中的“采购”一词，通常译成 purchase，而不是“buy”等。

3 译者主体性在法律翻译中的体现

以下几个译例分析译者的主体性。

（a）制定本法。

翻译 1：The law was formulated.

翻译 2：The law is enacted.

分析：在法律的制定上，两个译文分别用了“formulate”和“enact”，这两个词语都有“制定”的意思，而且用在这里都没有错误，同一个词语用不同的词语表述，这体现了译者主体性。

（b）“当事人”。

翻译 1：当事人双方都违反合同的，应当各自承担相应的责任。In case of bilateral breach，the parties shall assume their.

翻译 2：律师作为当事人的代言人。A lawyer acts on behalf of his client.

分析：同样的一个词语“当事人”，在不同的语境下，译者会选用不同的词汇，而不是一概而论，这体现了译者发挥主观能动性，结合不同的法律语言语境，法官口中的“当事人”和律师口中的“当事人”不是一个意义上的“当事人”。

（c）A counter-offer is an offer made by an offeree to his offeror relating to the same matter as the original offer and proposing a substituted bargain differing from that proposed by the original offer.

翻译1：反要约即要约，由受要约人向要约人发出的，与原要约同一标的有关的，提出一项替代交易磋商，与原要约人提出的交易磋商不同。

翻译2：反要约是指受要约人向要约人发出的要约，要约与原要约同一标的相关，并且提出一项替代交易磋商，该交易磋商不同于原要约人提出的交易磋商。

分析：两个译文对原文做了不同处理，翻译1是按照原文句子顺序照搬下来的译文，而翻译2是对句子顺序做了调整，厘清了句子主干，翻译2更通顺易懂。

4 结 语

在跨两种法律文化的交际活动中，译者的语言文化能力是指译者在这项跨文化的活动中对原语语言文化和译入语语言文化差异的敏感度，以及阐释文化差异，调节文化冲突的能力[3]。然而，做好法律翻译绝非易事。要做好法律翻译，首先应正确理解法律翻译的内涵，对法律翻译应有敬畏之心[4]。因此，作为译者，要多学习法学知识，积累不同法学体系的常识，这样才能严谨、客观、忠实地做好不同法律语言的中介者。

参考文献

[1] 查明建，田雨．论译者主体性——从译者文化地位的边缘化谈起［J］．中国翻译，2003（1）：19－24.

[2] 杨建军．法律语言的特点［J］．西北大学学报，2005（5）：123－127.

[3] 仲伟合，周静．译者的极限与底线——试论译者主体性与译者的天职［J］．外语与外语教学，2006（7）：42－46.

[4] 张法连，李文龙．法律翻译者职业伦理构建探索［J］．中国翻译，2021（1）：104－112.

外显互文性在商务广告翻译中的应用*

郑宏玲** 刘 婧***

摘要： 随着社会的发展和经济的进步，商务广告对于我们而言早已习以为常，各类国际广告充斥着我们的视野，所以对于商务广告翻译的需求也应运而生。在商务广告翻译的诸多领域中，从外显互文性的角度来研究商务广告翻译是一个尚未过多研究和涉猎的领域。本文主要从外显互文性的角度分析商务广告翻译的重要性，提出译者在进行商务广告翻译时既要保留原语文本本身的意味，也要在此基础上进行二次创造，使之更适应目的语受众。

关键词： 商务广告；翻译；外显互文性

随着当前世界形势的不断复杂变化，各国之间的交流日渐紧密，这不仅体现在政治经济上，更体现在我们生活的方方面面。例如，媒体中随处可见各类进口产品的宣传广告。广告最重要的作用是宣传推广、吸引顾客，商务广告存在大量的互文本。正是这一显著特征，让互文性理论应用到商务广告翻译研究中成为可能。

1 互文性理论

近年来，互文性理论在语言学领域的应用引起大量的关注。辛斌从读者的

---

* 本文得到北京工商大学研究生院教改项目“基于（CATTI）翻译专业资格认证考试的新型 MTI 笔译教学模式研究”项目（编号：2020YJG2）的资助。

** 郑宏玲，北京工商大学 2020 级翻译硕士研究生，研究方向为笔译（法商特色）。

*** 刘婧，北京工商大学外国语学院副教授，主要研究方向为翻译理论与实践。

角度出发，把语篇的互文性分为“具体的”和“体裁的”两类[1]。赖彦则从社会符号学角度出发，将互文性定位于“语言符号本身生成意义的一个潜势”[2]。杨汝福则基于系统功能语言学的理论研究“共向互文性”，侧重点在于探讨个体的人际单一理论功能、话语基调及其价值构建等在互文性模型上的范畴界定[3]。巴赫金提出语言主要发生在人与人之间的交流和交际关系中，孤立的、脱离与他人话语的语言是不成立和不存在的[4]。

2 外显互文性广告翻译实践评析

广告的文本中存在大量且极其明显的互文本。因此，译者应当在“尊重原广告的基础上，在商务广告翻译中体现互文指涉”[5]。例如，原文：Start ahead.

翻译为：成功之路，从头开始。

这是宝洁公司旗下的洗护品牌飘柔（Rejoice）的广告语之一。原文极其简洁、明了，直译为“从头开始”，很好地点明了洗发水的作用。而广告译文采用了戏拟的手法，参照成语“千里之行，始于足下”，对原文进行了增译，仅是“从头开始”显得令人摸不着头脑，什么“从头开始”？“成功之路，从头开始”，不仅格式工整，意思表达也更加清晰，使产品更具吸引力。

原文：For the road ahead.

翻译为：康庄大道。这是本田公司（Honda）的广告语，如果直译是“为了前方的路”，其本义表达也很符合产品特性，作为一种交通工具，拥有它就是为了在前方的道路上畅通无阻，广告译文则采用了成语“康庄大道”，除表示前方的路之外，还多了深层含义，“前方的路宽阔且平坦”，这种驾驶体验是所有司机都想要的，所以这样的广告译文更能击中消费者的内心，提高产品的吸引力。

原文：Think once. Think twice. Think bike.

翻译为：三思而后行，自行车最行。

这是某个自行车品牌的广告，广告原文中的巧妙格式在广告译文中得到一定程度的保留，而译文中的“三思而后行”引用成语“三思而后行”。这样的翻译能够说明该产品是经得起反复对比和考验的。

3 结 语

商务广告自身的互文性特点让互文性在广告翻译中更好地发挥作用，外显互文性的五种表现方法应用于商务广告翻译，可以提高目的语受众的接受度，提高产品吸引力，起到更强的宣传和推广作用。译者在进行商务广告翻译时，既要保留原语文本本身的意味，也要在此基础上进行升华，使之更适应目的语受众。

参考文献

[1] 辛斌．语篇研究中的互文性分析［J］．外语与外语教学，2008（1）：6－10.

[2] 赖彦．广告互文性创意的社会符号学与认知［J］．当代传播，2009（3）：97－99.

[3] 杨汝福．系统功能语言学观照下的共向互文性模式研究［J］．外国语，2010（2）：11－12.

[4] 沈华柱．巴赫金语言哲学思想述评［J］．福州大学学报（哲学社会科学版），2003（1）：69－73.

[5] 罗选民，于洋欢．互文性与商务广告翻译［J］．外语教学，2014（3）：92－96.

生态翻译理论在法律翻译中的应用*

——以“维护”一词为例

任怡朴** 刘 婧***

摘要：法律翻译在社会生活中起着日益重要的作用。生态翻译理论中的“三维”转换是指语言维转换、文化维转换和交际维转换。本文以“维护”一词为例研究生态翻译学理论指导下的法律翻译，希望对法律翻译行业的发展有一定的启示意义。

关键词：法律翻译；特殊用途英语；生态翻译

本文以“维护”一词的英译为例，在生态翻译理论的指导下研究其英译方法，从而进一步探究生态翻译理论在法律翻译实践中的意义。

1 引 言

法律语言是一种具有特殊用途的语言，为法律活动服务，功用性很强。胡庚申[1]提出“翻译适应选择论”，该理论认为翻译是译者通过语言、文化和交际三个维度的适应性选择和转换来完成的。

---

* 本文得到北京工商大学研究生院教改项目“基于（CATTI）翻译专业资格认证考试的新型 MTI 笔译教学模式研究”项目（编号：2020YJG2）的资助。

** 任怡朴，北京工商大学外国语学院2020级翻译硕士研究生，研究方向为英语笔译（法商特色）。

*** 刘婧，北京工商大学外国语学院副教授，主要研究方向为翻译理论与实践。

2 生态翻译理论

生态翻译学认为译者在从事法律翻译的过程中要在宏观和微观上同时把握译文，从语言维、交际维和文化维反复斟酌[2]，在准确理解源文本的基础上突破原文结构的束缚，使译文既符合原语意，又符合译入语的特点。

3 生态翻译理论指导下的法律翻译

生态翻译学理论基于多维度适应性转换原则，着重语言、文化和交际维度的适应性转换。下文以“维护”一词为例，在生态翻译理论指导，研究其英译方法。“维护”一词在中国法律法规汉英平行语料库中的表达是 safeguard、maintain、maintenance 等，本文将以具有代表性的表达为例，结合生态翻译理论进行进一步的分析。

3.1 语言维度的适应性转换

语言维度转换是指译者在翻译过程中，对语言形式进行适应选择转换，译者应注意用词的权威性和正式性，从而保证法律的效力。例如，在《中华人民共和国国家安全法》中的“为了维护国家安全”的翻译为：for the purpose of safeguarding State security，safeguard 在词典中的解释为 to protect something from harm or damage，由此可见，该词多用于维护某人或某事免受伤害，且较为正式。上述例子表明，safeguard 的使用符合其语境，将原文信息准确地传达给读者，同时也充分体现法律语言的正式与严肃。

3.2 文化维度的适应性转换

文化维度转换是译者在翻译过程中，注重双语文化内涵的传递，避免从目的语的文化角度歪曲原文。例如，在《中华人民共和国防洪法》中的“防洪工程设施的维护所需投资”的翻译为：maintenance of flood control works。maintenance 一词在词典中的解释为：the repairs，painting etc. necessary to keep something in good condition or working as it should。由此可以看出，maintenance 的中文翻译与“维修”或是“保养”更为接近。在上述文本的具体语境中，

“维护”的内容与具体实体相关。maintenance 的词义与语境的契合，能够帮助读者进一步融入语境，减少歧义。

3.3 交际维度的适应性转换

交际维度转换要求译者关注交际层面和原文的意图是否反映在译文中。例如,《中华人民共和国技术管理条例》中的“维护进出口秩序”的翻译为：maintaining the order of import and export。maintain 在词典中的解释为：to make a level or rate of activity，movement etc. stay the same。从该词的释义中可以看出，maintain 用于描述维护活动的秩序等，是一个有特定交际背景的词汇。将“维护”翻译为 maintain，充分考虑了目的语读者的文化背景，同时也符合该法律的信息交际功能。

4 结 语

生态翻译学为我国的法律翻译提供了新的视角，同时法律翻译也拓宽了生态翻译学的应用范围。分析不同法律文本中“维护”一词英译可以得出，译者首先要研究自己所处的翻译生态环境，并对其中的要素进行适应性转换，从而创造出适应性强，符合受众期望的译文。

参考文献

[1] 胡庚申．翻译适应选择论［M］. 武汉：湖北教育出版社，2004.

[2] 胡庚申．翻译研究“生态范式”的理论建构［J］. 中国翻译，2019（4）：25－34.

评《法律翻译新探》一书

曲冬阳[*]　史岩林[**]

摘要：本文从法律翻译术语、法律翻译的交际行为、译者角色的转变和法律翻译前景四个方面对沙切维奇的《法律翻译新探》一书进行探讨和研究，并总结了当代西方法律翻译研究中的一些经验和教训，以期为未来法律翻译研究提供参考依据和研究思路。

关键词：法律翻译；交际行为；译者创造性

1　引　言

法律文本作为一种特殊的文本，其功能与其他文本有不同之处。不同的文本具有不同的特征，法律翻译作为翻译文本的一种类型，有其特殊性。本文探讨了《法律翻译新探》一书中法律翻译的新发展，以期为法律翻译者提供参考依据和思路。

2　术语层面的法律翻译

从法律翻译术语层面看，主要从指称系统、对等词、可接受性标准的建立及补偿术语不一致原则方面来探讨。第一，法律术语在不同的法律制度中所表

---

* 曲冬阳，北京工商大学外国语学院翻译专业硕士研究生，研究方向为法律翻译。

** 史岩林，北京工商大学外国语学院副教授，主要研究方向为西方文学与文化批评、比较文学、翻译等。

达的概念是不同的。译者在翻译时有时会受到意识形态上的影响，但应当注意不同意识形态下，术语的不同解释；第二，法律翻译中经常缺乏足够的对等词，译者必须使用译入语法律制度中最为接近的自然对等词；第三，法律译者还要确定功能对等词在特定语境下是否可被译入语读者所接受；第四，如果功能对等词的本质特征与其源语术语的本质特征不相同，那么译者有时可以使用词义扩充的方法，从而补偿术语不一致。

3 交际层面的法律翻译

从法律翻译的交际行为层面来看，张法连认为："法律翻译不再被认为仅是语言转换的过程，而是在法律机制中进行的交际活动。"[1]因此，译者必须考虑法律平行文本制作者与接受者的因素。只有在文本接受者和文本制作者相互产生关联时法律交际才能起作用。随着交际行为的增强和加深，译者必须保持文本的统一性以保证多语交际的法律效力，即法律翻译文本与具体法律文本必须具有同等意义和法律效果。对于法律译者来说，完美的交际过程，即译者能够让立法者、缔约国或合同各方满意。

4 译者角色层面的法律翻译

从译者角色的转变来看，自 20 世纪始，法律译者由调节者的身份逐渐向文本制作者转变。随后，译者从文本制作者向共同起草者转变。法律译者需要具备较高水平的专业、语言和法律方面的知识。法律译者还需要发挥一定的创造性，力求达到准确达意、简洁凝练和增强效力的标准。在进行法律翻译时，译者准确的翻译可以减少错误，增强准确性。因此，在人才培养时，要求译者同时兼具专业的法律知识和翻译水平，对法律译者提出了更高的要求。

5 法律翻译前景

"从法律翻译前景来看，国际社会越来越离不开法律翻译，贸易市场、金融市场甚至维和行动的'全球化'都对法律翻译者的需求居高不下。"[2]律师与语言学家也积极探索和研究法律翻译涉及的专业项目，同时法律多语制的前景与译者制作可靠文本的能力联系紧密，法律文件的平行文本往往具有同等效力，这使译者必须保证译文的可靠性。为了培养翻译能力，译者还需要接受相关专业翻译理论的指导。近些年，我国加强了对法律翻译的重视度，并致力于培养法律翻译人才。张法连总结称："由于市场需求极为旺盛，法律翻译行业和法律翻译职业群体飞速扩大。"[3]

6 结 语

随着全球化的加深与发展，各国间的交流日益密切，越来越需要高质量且负责任的法律翻译者，对法律翻译者提出更高的要求，译者应充分学习法律专业理论知识，在不断的实践中做出准确的法律译文，促进各国间的交流与合作。

参考文献

[1] 张法连. 英美法律术语汉译策略探究 [J]. 中国翻译，2016，37（2）：100－104.

[2] SARCEVIC S. New approach to legal translation [M]. The Hague: Kluwer Law International, 1997.

[3] 张法连，李文龙. 法律翻译者职业伦理构建探索 [J]. 中国翻译，2021，42（1）：104－112，191.

法律文本中概念隐喻汉译策略浅谈

付　彤*　史岩林**

摘要：本篇论文中谈及的概念隐喻属认知语言学领域，其研究与探讨是基于莱考夫和约翰逊在概念隐喻上的学术建树而深入展开。笔者在概念隐喻理论指导下，结合法律语言特点，提出三点法律翻译隐喻内容汉译的思考与建议。

关键词：概念隐喻；法律翻译；汉译

1　引　言

莱考夫（Lakoff）和约翰逊（Johnson）认为概念隐喻是从一个具体的概念域（源域）向一个抽象的概念域（目标域）的系统映射[1]。学者肖家燕、叶子南从概念隐喻的维度探讨了隐喻翻译的策略。吉迪恩·图里（Gideon Toury）总结出四类隐喻翻译策略。考虑到法律文本自身的特殊性，汉译研究还需更为细致，针对法律文本隐喻内容的汉译策略，可以从以下三个方面进行探讨。

2　对一致性的概念隐喻进行"复制"

例文：The question has been answered by the expansion of American court's long arm jurisdiction in a way.

---

* 付彤，北京工商大学外国语学院翻译专业硕士研究生，研究方向为法律翻译。

** 史岩林，北京工商大学外国语学院副教授，主要研究方向为西方文学与文化批评、比较文学、翻译等。

翻译为：美国长臂管辖权在网络案件管辖中的扩张，从一定程度上回答了这一问题。

美国法律管辖问题中的 long-arm jurisdiction 指“当被告人的住所不在法院管辖地州，且所提权利要求的产生已和这种联系有关时，该州对于该被告人具有属人管辖权”。此法律术语译为“长臂管辖”。基于人类社会共性中西方在法律概念隐喻中也存在部分或完全对等，long-arm 为 go beyond 的概念隐喻，翻译为“长臂”与“管辖”搭配，又存在特殊语境下即使目标语受众对此概念未有了解，但也能大体领悟。故笔者认为即使源语与目标语先前不存在完全对等关系，但基于人类共有的认知体验，哈德孙（Hudson）称为“共有的非文化知识”[2]，译者可在此前提下进行复制。

3 对非对等性的概念隐喻进行阐释

例文：Before being hired，the employee had to sign a yellow dog contract.

翻译为：在被雇用前，雇员必须签署一份黄犬合约，即劳动者不得加入工会，或者以脱离工会为条件，与劳动者签订的契约。

yellow-dog contract 是源于英美劳动法的一种概念，指企业雇主在雇用劳动者时，以“劳动者不得加入工会，或者脱离工会”为条件签订的契约。这是西方法律体系中独特的法律历史渊源，把 yellow-dog（有卑鄙之意）所蕴含的这一独特的法律文化映射到基本法律规则，形成概念隐喻 an employment contract in which a worker disavows membership in and agrees，中文读者缺乏此对等的法律概念，因此在保留其源语“黄犬契约”的基础上加以注释，既保留了源语的隐喻形式，又保留了其文化意象，同时明确呈现了其核心内涵。

4 对非必要性的概念隐喻进行筛除

例文：The average home buyer can expect the whole bundle of sticks once the deal is done.

翻译为：交易完成后，普通购房者将享有五项相关权利。

为实现译文的预期功能，译者应充分考虑源语语境和译语语境。在英美法系中，sticks 隐喻的是购买者在完成房屋交易后，可享受的五项相关“权利”。

汉译为“棍棒”达不到源语隐喻效果，且无法形成相同法律效力。翻译为“五项相关权利”是对概念隐喻的筛除和阐释，兼顾了法律语言的准确性，又呈现概念。故笔者认为，当法律文本中，概念隐喻形式不适合译语语境，即当隐喻形式在译语语境中产生效果适得其反，则可弃“修辞”，而保概念。因为法律翻译的功能倾向于“规范功能”和“提供信息功能”[3]，所谓“戴着镣铐跳舞”是指有限制的跨文化阐释[4]。此策略虽不能达到完全等效效果，但二者权衡，形式应做出让步。

5 结 语

在全球化的今天，“法律翻译是传递法治共识的桥梁”[5]。作为译者，应秉承翻译伦理，将对人类生活秩序化和正义性的共同追求作为己任。在对法律文本的概念隐喻进行汉译时，可采取以上三种策略，即对概念隐喻进行复制、阐释和筛除，将法律自身的严谨性落实到法律翻译的过程中去。

参考文献

[1] LAKOFF G，JOHNSON M. Metaphors we live by [J]. Ethics，1980，46 (1)：5-7.

[2] HUDSON R A. Sociolinguistics [M]. Cambridge：Cambridge University Press，1996，76 (1)：33-38.

[3] SARCEVIC S. New approach to legal translation [J]. Target international journal of translation studies，2011，46 (2)：36-38.

[4] 王宁．翻译与跨文化阐释 [J]．中国翻译，2014 (6)：104-105.

[5] 张法连．新时代背景下涉外法律人才培养机制新探 [J]．中国法学教育研究，2018 (2)：49-51.

生态翻译学框架下的译者主体性解读

——以《中华人民共和国合同法》英译本[1]为例

樊亚妮*　史岩林**

摘要：《合同法》对合同双方的权利与义务进行了明确阐述，并为纠纷解决提供了强有力的法律武器。因此，《合同法》翻译的精准与否，对我国与外商达成合作至关重要。本文拟从生态翻译学及在此框架下的译者主体性解读《合同法》英译本，通过分析英译本及译者采取的翻译策略，为我们今后翻译相关内容提供一定的借鉴和启示。

关键词：生态翻译学；译者主体性；《合同法》翻译

1 引　言

因《中华人民共和国合同法》（以下简称《合同法》）长期以来在经贸合作中发挥的调节及约束作用，使人们对《合同法》翻译及译者的要求越来越高。本文将根据生态翻译学及该框架下的译者主体性对《合同法》译本展开分析。

---

[1] 以国务院法制办公室 2016 年编写的《中华人民共和国合同法（中英文对照）》为例。

* 樊亚妮，北京工商大学外国语学院翻译专业硕士研究生，研究方向为法律翻译。

** 史岩林，北京工商大学外国语学院副教授，主要研究方向为西方文学与文化批评、比较文学、翻译等。

2 生态翻译学概述

2004年，清华大学胡庚申教授首倡生态翻译学。“生态翻译学作为一种翻译研究的生态范式，以生态视角综观翻译过程，认为译者处于翻译活动的中心和主体地位，翻译即‘译者适应翻译生态环境的选择活动’”[1]；翻译生态环境则指译者的国别、文化背景及社会风俗存在差异等。因此，“为了维持翻译生态的和谐，译者必须全面统筹并尊重其所处翻译生态环境中的各个因素主体，主动遵循多维度适应与适应性选择的原则，做到从语言维、文化维、交际维等多维度在原语系统与译入语系统之间进行适应性选择转换”[2]。

3 译者主体性

查明建认为，“译者主体性为翻译主体的译者在尊重翻译对象的前提下，实现翻译目的，在翻译活动中，表现出来的主观能动性，其基本特征是自觉的文化意识、人文品格和在文化与审美方面的创造性”[3]；苏珊·巴斯奈特和安德烈·勒费弗尔在《翻译、历史与文化论集》一书中指出，“翻译就是文化改写、操纵”[4]，因此译者作为操纵并改写文化的主体，应充分发挥其主观能动性，使之符合译入语环境。

通过对生态翻译学及译者主体性的学习，我认为二者联系紧密，因此本文拟从语言维、文化维及交际维三个维度对《合同法》译本中体现的译者主体性进行解读。

4 生态翻译学框架下的译者主体性解读

4.1 译者主体性在语言维中的体现

因译者在文化背景等方面存在差异，所以其语言表达习惯也有所不同。例如，《合同法》中第二条 本法所称合同是平等主体的自然人、法人、其他组织之间设立、变更、终止民事权利义务关系的协议。

翻译为：Article 2 for the purpose of this law, a contract means an agreement on the establishment, alteration or termination of a civil right - obligation relationship between natural persons, legal persons or other organizations as subjects with equal status.

在上述例子中，“汉语的修饰语在前，即我们常说的前置修饰语，而英语的修饰语在后，即我们常说的后置修饰语”[5]。译者在翻译该条款时，为适应译入语环境，调整了原句结构，使之适应译入语的翻译生态环境，在适应国外读者阅读习惯的同时，准确传达我国对《合同法》的定义，实现语言维方面的生态平衡。

4.2　译者主体性在文化维中的体现

译者在翻译过程中应考虑到中外不同的文化背景，避免发生文化冲突。因此，译者在翻译时，不仅要准确传达条款含义，还应对两种文化背景有一定了解，才能最大限度实现文化维方面的平衡。

《合同法》中第二十三条要约以对话方式作出的，应当即时作出承诺，但当事人另有约定的除外。

翻译为：If an offer is made orally, acceptance shall be made promptly unless the parties stipulate otherwise.

上述例子中，译者使用了“if”一词，该词使用率更高且更精确。此处译者翻译的恰到好处，既精准传达了原文含义，也符合西方文化习惯，达到文化维上的平衡。

4.3　译者主体性在交际维中的体现

交际维是指译者应让源语读者与译入语读者对《合同法》有一致的理解。

《合同法》中第四十二条 当事人在订立合同过程中有下列情形之一，给对方造成损失的，应当承担损害赔偿责任。

翻译为：Article 42 In the making of a contract, the party that falls under any of the following circumstances, causing thus loss to the other party, shall hold the liability for the loss.

由于中外条款表达存在差异，在翻译条款时要使用国外法律条款的常用表达。如上述例子中，under 表示“依据、按照”；party 表示“当事人”，均符合西方读者阅读习惯。只有精准翻译，才能更好地实现合同法译本在交际维上的生态平衡。

5 结 语

由上述分析可知，《合同法》翻译要求我们适应中外生态翻译环境，充分发挥主体性，从而实现语言维、文化维和交际维等多个维度上的生态平衡，但目前的法律文本翻译仍存在很多问题，有待学者继续深入研究。

参考文献

[1] 胡庚申．翻译适应选择论［M］．武汉：湖北教育出版社，2004：97.

[2] 同①133.

[3] 查明建，田雨．论译者主体性——从译者文化地位的边缘化谈起［J］．中国翻译，2003（1）：21－26.

[4] ANDREL S. Translation，history and culture［M］．London：Printer Publisher，1990.

[5] 邓小艳．生态翻译视域下的政治外宣翻译——以《弘扬“上海精神”构建命运共同体》的英译文为例［J］．湖北第二师范学院学报，2019，36（1）：103－106.

法律翻译的问题与创新

刘思源[*]　史岩林[**]

摘要：法律翻译作为一门跨领域的新兴学科，仍面临诸多挑战和困难。本文通过收集、归类和分析法律翻译的一些现状，对法律翻译中的问题和创新进行论述，为法律翻译的发展提供建议。

关键词：法律翻译；笔译；文献综述

1　引　言

近几年，法律翻译逐渐发展起来，但对其各方面的研究并不成熟。

2　法律翻译中的问题

朱天文举例说明了法律文本用词的错误倾向及其纠正的方法，并将错误分为三种：望文生义、忽略两种语言的文化区别和知识落后与时代脱轨[1]。金朝武和胡爱平总结了七个常见的法律翻译过程中存在的问题：对于英语的拼写语法错误；由于译者态度问题导致的省译、增译；望文生义；对术语的掌握不精确；法律文体的应用问题；对原文理解不到位语言修养不足；由于文化差异导致的翻译问题[2]。

---

* 刘思源，北京工商大学外国语学院翻译专业硕士研究生，研究方向为法律翻译。

** 史岩林，北京工商大学外国语学院副教授，主要研究方向为西方文学与文化批评、比较文学、翻译等。

在法律法规翻译的过程中，杜金榜、张亮、袁福提出了法律法规英译中存在的困难、问题有：法律法规翻译中涉及翻译部门组织的管理协调问题；翻译成果不易达到统一性；翻译的目标、目的和读者对象的定位不够明确，需要重新定位[3]。法律法规翻译中主要存在的问题有：中英两种语言术语的不对应、普通词语概念表达不够精准、语篇成分的安排、文体风格的差异及管理不统一的问题。

从宏观层面来看，法律术语英译规范化工作面临的主要问题包括：重视程度不够，进展太过缓慢；译名规范化历史传承断裂，今人未能有效地继承前人的成果。从微观层面来看，包括以下几点问题：缺乏专业性，解释性译例过多；缺乏系统性，已译出的法律术语尚不成体系；缺乏高屋建瓴的法律术语翻译原则做指导等[4]。屈文生还列举了法律术语翻译的选词问题：一词多义的中文法律术语英译问题，容易混淆的中文法律术语的英译问题。他认为法律翻译者具备的核心素养在于其具备的术语对应能力。选词能力和选词意识是术语得以正确英译的前提[5]。赵敏就中西法律文化的差异总结了法律术语翻译存在的四个问题：渊源不同所产生的法律术语翻译的问题；技术层面的差异所带来的法律术语翻译的问题；诉讼程序的差异所导致的法律术语翻译的问题；法律分类的差异所导致的法律术语翻译的问题[6]。董晓波提出，法律术语的英译中存在的四个误译问题：望文生义，误将普通术语用作专门术语；缺乏对本国和对方国家法律文化和语言文化的了解；法律术语的翻译张冠李戴；违背法律术语内涵上的特定性[7]。

译者在关注法律翻译的问题时，应该不断提高自身的法律文化素养，以及法律和翻译相关知识能力的提升，才能在解决问题时得心应手。法律翻译这门学科还在发展阶段，因此少不了创新的研究，有关词语的创造、术语的创造等都是研究的重点。

3 法律翻译中的创新

朱定初列举了八种产生新构词的方法，有复合法、衍生法、字义转换、文法功能引申、缩略法、混成法、借用法和新造词[7]。黄巍通过举例说明四种法律翻译中的创造性：在句子结构上不拘泥传统的法律翻译理论；在法律主体明确、不需要做出补充的情况下，译者应该尽量避免使用被动语态；译者为了避免意义含混或避免不必要的重复，可以对原文进行增删，但因为增删将直接影响译文对原文的忠实程度，译者必须对此抱极为谨慎的态度；词性转换的运用[8]。

法律翻译仍有许多值得创新的地方，我们需要在全面了解法律翻译后，在原有的基础上进行发展，使法律翻译体系更完整、更有意义。

4 结 论

法律翻译作为一个不断发展的学科，应当被高度关注起来，建立起完整的法律翻译体系。译者应当加强对法律知识的学习，以及对法律文化的认识，同时不断提高自己的翻译能力。在进行法律翻译的过程中，应当与时俱进，在关注法律翻译中出现的问题的同时，积极解决问题。在全面了解翻译理论和翻译实践的基础上，进行翻译理论在法律翻译中的实践，利用原有的法律翻译的相关知识解决和引导翻译活动，做到真正把法律内容传递给不同语言文化背景中。随着翻译活动的不断进行，面对新的问题，创造新的方法途径，为法律翻译提供更多新思路。

参考文献

[1] 朱天文．法律文书的用词特点及其翻译［J］．福州大学学报（哲学社会科学版），2001（2）：84－86.

[2] 金朝武，胡爱平．试论我国当前法律翻译中存在的问题［J］．中国翻译，2000（3）：46－51.

[3] 杜金榜，张福，袁亮．中国法律法规英译的问题和解决［J］．中国翻译，2004（3）：74－78.

[4] 屈文生．中国法律术语对外翻译面临的问题与成因反思——兼谈近年来我国法律术语译名规范化问题［J］．中国翻译，2012，33（6）：68－75.

[5] 屈文生．法律术语英译中的选词问题［J］．上海理工大学学报（社会科学版），2017，39（3）：201－206.

[6] 赵敏．中西法律文化差异视角下的法律术语翻译探究［J］．法制博览，2016（31）：193－194.

[7] 董晓波．我国立法文本规范化英译若干问题探析［J］．外语教学理论与实践，2014（3）：84－90，97.

[8] 黄巍．议法律翻译中译者的创造性［J］．中国翻译，2002（2）：40－42.

字幕翻译中的图文关系处理*

——以纪录片《大数据时代》第四集的翻译为例

崔文露** 杨增成***

摘要：语言和图像是传递意义的常见模态。本文根据著名学者巴特对图文关系的分类，以纪录片《大数据时代》第四集的翻译为例，对如何在翻译中处理图文关系进行了探讨。

关键词：多模态；图文关系；纪录片翻译；字幕翻译

多模态话语指包含语言、图像、颜色和音乐等多种模态的话语，是"任何由一种以上的符号编码实现意义的文本"[1]。在多模态话语中，各种模间存在关系；在纪录片中，图像与字幕间也存在关系。纪录片作为一种具有纪实功能的多模态语篇，其字幕翻译的质量既影响观众对纪录片所传递信息的接受程度，又影响跨文化交际的效果。巴特（Barthes）指出图文间三种可能的关系：锚定（anchorage）、延伸（relay）和说明（illustration）[2]。本文基于上述这三种关系，以纪录片《大数据时代》第四集为例，探究图像与文字的互动关系及其相互作用，为提升字幕翻译质量做出贡献。

1 锚定关系的处理方法

图像传递多重意义，文字可以起到锚定作用[3]。例1中的图像和字幕间存

* 本文为北京工商大学研究生教育教学改革研究项目（项目编号：2020YJG13）的部分研究成果；得到北京工商大学研究生教育教学改革专项的资助。

** 崔文露，北京工商大学外国语学院研究生，研究方向为英语笔译。

*** 杨增成，北京工商大学副教授、硕士生导师，主要研究方向为功能语言学、多模态研究、语篇研究和翻译研究。

在锚定关系。

例 1，环球港，上海最大的购物中心。（该文本出现在图 1 中）

图 1　《大数据时代》第四集截图一

在图 1 中先用两秒的镜头展示一幅城市图景，随后出现字幕。观众不容易准确把握图像传递的意义。这时就需要字幕文字来限制其意义的范围。通过字幕“环球港”和“上海最大的购物中心”，观众可以自然地将图中的摩天大楼与“环球港”和“上海最大的购物中心”联系起来。这种文字固定了图像意义的关系便是锚定。考虑字幕文字对图像的固定作用，译者将其翻译为：This is Global Harbor, the largest shopping mall in Shanghai.

翻译中保持了原语篇中图文间的锚定关系。

2　延伸关系的处理方法

延伸是指图文处于互补关系[3]。例 2 中的图像与字幕间存在延伸关系。

例 2，跨境电商恰恰抓住了这样的机会。它不仅满足了各国消费者的商品需求，也促进了各个国家间的文化交流。（该文本出现在图 2 中）

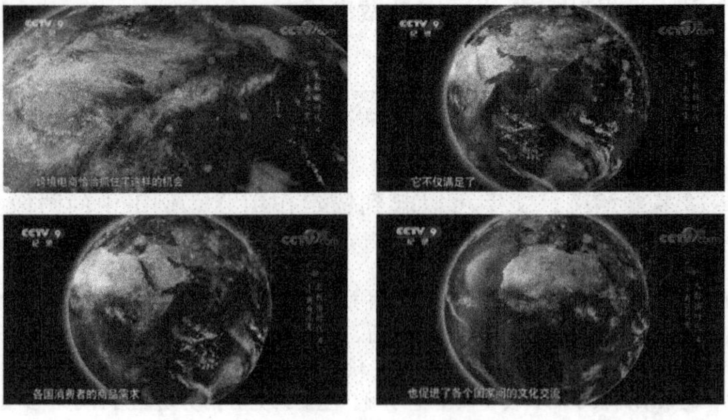

图 2　《大数据时代》第四集截图二

在图 2 中图像与文字分别传达了不同的信息。图像展示了地球模型上以中国地理位置为起点向世界各地跨越的虚线；文字向观众传达的信息是跨境电商满足了各国消费者的商品需求，也促进了各个国家间的文化交流。结合图文可以看出，图像中的虚线是中国跨境电商与各国之间的贸易路径，这种遍布全球的贸易满足了各国消费者的商品需求，也促进了各个国家间的文化交流。就图像而言，字幕为其补充了跨境电商、商品需求和文化交流等重要信息；就字幕而言，图像为其提供了具体的中国跨境电商贸易路线示意图。在该语篇中，文字信息和图像信息互为补充，上述图文间存在延伸关系。译者将全句翻译为：Cross - border e - commerce platforms have seized this opportunity. They not only meet the needs of consumers in various countries for commodities, but also promote global communications.

此翻译保持了文字与图像间的延伸关系。

3　说明关系的处理方法

在纪录片《大数据时代》第四集中，还存在图文间的说明关系，下面就是其中的一个例子。

例 3，2018 年 3 月 5 日，国际权威组织 TPC（事务处理性能委员会）在其官网正式发布了测试结果。孙元浩团队研发的数据处理技术，可以同时处理高达 TB（太字节）至 PB（拍字节）级别的数据量。（该文本出现在图 3 中）

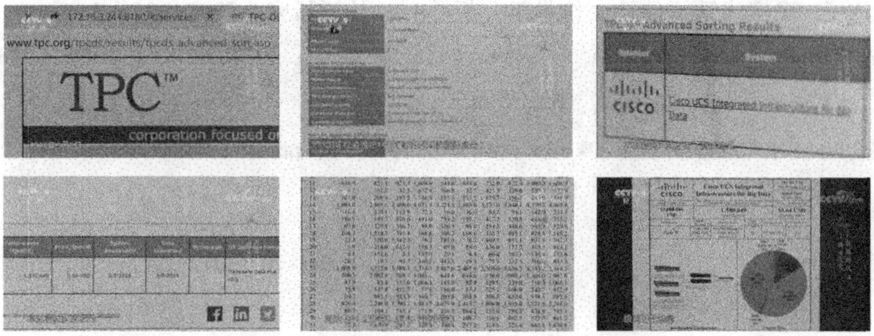

图 3　《大数据时代》第四集截图三

在图 3 中字幕内容表达事务处理性能委员会这一国际组织，在其官网上正式发布对孙元浩团队研发的数据处理技术的测试结果，该团队研发的数据处理技术能够同时处理太字节至拍字节级别的数据量。图像向观众展示了事务处理性能委员会官方网站的截图，以及发布的测试结果的截图。本例中，截图通过图表和数据的形式，进一步对文字信息进行了直观地展示说明。这种图像支持文字的关系便是说明关系。在这种图文关系下，图像能够为文字信息提供直观展示。在翻译过程中，翻译者既注重文本意义的转换，又考虑到图文对应的问题，译者将全文翻译为：On March 5, 2018, the international authoritative organization TPC（Transaction Processing Performance Council）officially released the test results on its official website. The data processing technology developed by Sun Yuanhao's team can simultaneously process data from TB（terabyte）to PB (petabyte).

这样的翻译保持了译文与图像间的说明关系。

4 结 语

文字与图像之间的关系是多模态翻译需要关注的问题。本文分析了纪录片中的三种图文关系。在纪录片字幕翻译中，图文关系理论能够帮助译者更全面准确地理解原文，并帮助译者提升纪录片字幕翻译质量。在翻译文字时，译者应当要考虑图像和纪录片字幕之间的关系。

参考文献

[1] 李战子. 多模式话语的社会符号学分析［J］. 外语研究，2003（5）：1－8.

[2] MARTINEC R, SALWAY A. A system for image－text relations in new（and old）media［J］. Visual communication，2005（3）：337－371.

[3] BARTHES R. Image－music－text［M］. London：Fontana，1977.

基于计算机辅助翻译的译者主体性研究*

苗天顺** 魏晓南***

摘要：近年来，CAT的出现，成为译者高效率完成翻译任务的重要组成部分。然而，仅靠CAT输出的译文质量低下，译者必须参与其中，发挥其主体性，对译文进行人工编辑和审校，纠正错误，提高翻译质量。在此过程中，译者主体性内涵得到极大丰富，也为译者主体性研究提供了新视角。本文拟从借助CAT完成翻译任务的过程，即译前准备、翻译过程和译后编辑，探讨译者如何充分发挥其主体性，以期更好地发挥CAT技术和人类译者的协同作用，从而输出高质译文。

关键词：翻译记忆；计算机辅助翻译；译者主体性

信息化时代高速发展使传统翻译方式发生巨大转变，人们对翻译的需求与日俱增。但是，传统翻译方式存在诸多缺点，如成本高、耗时长、效率低等。自20世纪90年代起，机器翻译和翻译记忆等计算机辅助翻译技术如雨后春笋般涌现，突破了传统的人工翻译模式，为更高效、优质的翻译提供可能。计算机辅助翻译源于机器翻译，却与以往的机器翻译软件有所不同，其工作原理基于人机协作，即机器翻译、翻译记忆和人工审校相结合，整个翻译过程都离不开译者的参与，译者仍是其中的主体。译者对计算机辅助翻译的依赖性并没有泯灭其主体性，相反其主体性却极大增强。译者在使用计算机辅助翻译（com-

---

* 本文为教育部2020产学协同育人项目“大学英语分级教学线上授课模式探索”（项目编号：202002038044）的部分研究成果。

** 苗天顺，北京工商大学外国语学院副教授，主要研究方向为英语翻译。

*** 魏晓南，北京工商大学外国语学院2020级翻译专业研究生。

puter aided translation，CAT），CAT 技术完成翻译工作的过程中需在译前准备、翻译过程和译后编辑阶段充分发挥其主体性，从而使技术更好地协作人类译者。

1 计算机辅助翻译概述

计算机辅助翻译源于机器翻译。机器翻译是利用计算机程序将源语言转换为目标语言的过程，是涉及语言学、计算机科学、数学等多边缘的交叉学科[1]。得益于人工智能技术，尤其是神经机器翻译的发展，机器翻译有了突破性的进展，超越了机械的语言转换，依托大量语料库深度学习语言特征，翻译精确度进一步提高。然而，局限于计算机“思维”模式和人类认知水平，机器翻译发展仍面临诸多障碍。随着大数据时代的发展和计算机软件、硬件的不断升级，机器翻译更加注重运用算法与语料库相结合，翻译记忆的研发逐渐兴起。“实践证明，机器翻译和翻译记忆能大量减轻翻译工作者的脑力和体力劳动，提高工作效率，使译员从繁重的翻译工作中解放出来。”[2]

与自动翻译的机器翻译不同，计算机辅助翻译以翻译记忆为核心，并把人工编辑作为翻译过程涵盖其中，实现人机交互。译者在借助 CAT 技术进行翻译的过程中，计算机程序会自动建立相应语料库、术语库，当出现相似或相同的短语及语句时，系统则自动检索记忆库，并输出恰当的翻译，译者则根据其选取的翻译策略，选用、编辑或舍弃文本。此外，计算机辅助翻译技术支持多名译者同步翻译协作、共享翻译资源，以此提高翻译效率，缩短项目周期，减少项目管理的工作[3]。然而，计算机辅助翻译的局限性也不容忽视，“由于自然语言本身的复杂性与流变性，机器翻译始终遇到两大类常态性问题：文句中歧义与语法不合设定现象”[4]。因此，这就需要译者发挥主体性，根据专业知识，以及自身生活经验和常识，不断扩充知识网络，提高翻译的精确度。

2 译者主体性

与机器翻译不同，译者作为具有创造性的主体，“从来不是纯粹的语言人，总是打上了社会性烙印，呈现特定的译者主体性”[4]。在以往翻译研究中，译者的地位长期边缘化。而翻译研究的“文化转向”使其研究重心由语言层面转向文化层面，译者形象更为凸显，学者也因此将其目光投向译者主体性的研究。在翻译活动的全过程中，“无论是对文本的选择、理解和诠释，还是具体到翻译过程中，翻译策略的取舍和选择，译者始终是最具有主观能动性、最积极活跃的因素”[5]。作为翻译活动的主体，译者的能动性必然体现在翻译过程中。当学者把注意力转向译者时，其关注点则是动态的翻译过程，即翻译主体及其能动性对翻译过程的影响。

国内很多学者对译者主体性的内涵有诸多见地。许钧认为，译者主体性是指“翻译的主体及其体现在译作中的艺术人格自觉，其核心是翻译主体的审美要求和审美创造力”[6]，查明建、田雨认为，译者主体性是“作为翻译主体的译者在尊重翻译对象的前提下，为实现翻译目的而在翻译活动中，表现出的主观能动性，其基本特征是翻译主体自觉的文化意识、人文品格和文化和审美创造性”[7]。据此我们可以发现，译者自主性及创造性往往是学者研究的关注点。译者作为翻译活动的主体，其主体性贯穿翻译全程，包括对源文本的选择、对其内容的理解与表达，以及选用何种翻译策略、所达翻译意图等。

3 计算机辅助翻译的译者主体性的发挥

计算机辅助翻译的局限性决定了它现阶段难以超越人工翻译。鉴于实际操作中，计算机辅助翻译的优势及局限性，在借助计算机辅助翻译技术完成翻译工作的过程中，译者需要遵循一定的操作模式和程序，充分发挥其主体性、创造性，提高翻译效率和翻译精准度。因此，译者需要在译前准备、翻译过程和译后编辑阶段充分发挥译者的主观能动性，从而使技术更好地为人类译者服务。

3.1 译前准备

首先，译者在使用计算机辅助翻译软件进行翻译工作前，需要花费时间和精力整理收集语料，且语料应与译者收到的文本类型风格相一致。例如，在翻译党政文献时，译者所建语料库应涵盖国内外政治或政策主题的汉英语料库。语料库主要有3个来源：一是付费语料库，翻译市场中有些译者会通过向其支付费用的方式分享他们收集整理的语料；二是在线语料库；三是自建语料库，译者通过CAT不断积累整理，从而建立自己的语料库。虽然这些语料库的有效性相对有限，但仍对译者有极大帮助。

其次，无论在语料库收集阶段还是翻译阶段，合理使用文件夹都会为后期的翻译工作提供诸多便利。经过对翻译文件的分析，文件夹应以日期命名，且其中至少包含五个文件，分别命名为原文、译文、校对、双语定稿和参考译文，从而有利于后续翻译工作，避免手稿的丢失或遗漏。

最后，翻译软件的选择也至关重要。翻译材料的语言和类型，在一定程度上，决定了译者所选软件的性能。目前人们熟知的主流软件包括 SDL Trados（Trados 由 Translation、documenttion 和 Software 组和而成）、雅信 CAT、朗瑞 CAT、雪人 CAT 等。每款软件各有特色，译者需根据客户要求选择合适的 CAT 软件，但译者需明白，任何一款软件都不能准确地传达原文信息，还需对译文进行加工润色。

3.2 翻译过程

翻译稿件是翻译过程中的核心阶段，且在该阶段中，译者主体性发挥最为明显。收到稿件后，译者应对稿件进行分析，确定其专业范围、性质和难度，在此基础上，考虑客户的具体要求。源文本可能以不同的格式出现，如 Word、Excel、PDF、PPT 和图片等，因此译者需熟悉 CAT 软件中各种文件格式的具体操作。

在翻译过程中，译者应首先根据中英文差异，对计算机辅助翻译软件输出的预翻译译文进行分析和修改，保证时态和句子结构准确，摒弃不正确或无用的信息，确保译文逻辑清晰。然后，根据选用的翻译策略，统一整篇译文的风格，以句子或段落为单位对译文进行润色，使其符合译入语的表达习惯。当计算机辅助软件中，没有与原文本相对应的语料或记忆库，或者语料或记忆库与源文本信息出现偏差，则需要译者充分发挥主观能动性，对译文进行改写或创造。

3.3 译后编辑

在译后编辑阶段，审核校对举足轻重。在此过程中，译者必须细心谨慎，以全局观审查整篇译文，在有限的时间内，发现细微问题。此时，计算机辅助翻译工具中，文字处理功能，如自动审查、自动比较分析文本和文件会有莫大帮助。若是协作翻译模式，译者应统一翻译风格。此外，计算机辅助翻译技术对源文本中修饰词、隐喻表达、寓言或俚语的识别能力较差，在实际操作中，译者须按照一定的步骤，在提供有用信息的条件下，对原文和语料库进行修改，以提高原文和语料库的匹配度，并在最后阶段进行校对，确保译文质量。

计算机辅助翻译的人机交互的翻译模式一定程度上，增强了译者主体性，尽管译者主体性受多方面限制，译者依然可以利用翻译技巧和策略修改CAT的译文。现阶段，机器翻译不能完全替代人工翻译。一般来说，机器翻译适用于信息型文本的翻译，如科技文本和法律文本，对于文学型文本，如小说、散文和诗歌，则依赖于人类译者的创造性翻译。鉴于此，机器翻译和人工翻译之间并不是势不两立，而是相辅相成。译者主体性在计算机辅助翻译的整个过程中都得到了体现。只有充分发挥译者主体性，用人类智慧来弥补机器翻译的不足，才能提高翻译质量。

4 结 语

翻译不仅是语言层面的机械转换，其背后的历史、人文、政治、经济等社会因素或译者自身价值观对译文有极大的影响。在信息化时代背景下，计算机辅助翻译技术可以凭借其强大的翻译记忆和不断扩充的语料库、术语库，帮助译者完成简单重复的劳动，逐渐成为人类译者的得力助手。但是，我们不能因此忽视译者在此过程中，发挥的作用，而应重视译者主体性这一客观存在。在计算机辅助翻译的过程中，译者仍是翻译活动的主体，译者主体性贯穿始终。因此，作为翻译活动主体的译者，应积极发挥自身能动性和创造性，不断跟随时代发展扩充知识库、语料库，使新技术为我所用，提高自己在翻译市场的竞争力，为国家、社会的翻译事业贡献力量。

参考文献

[1] 冯志伟．机器翻译研究［M］．北京：中国对外翻译出版公司，2004：31－37.

[2] 吕立松，穆雷．计算机辅助翻译技术与翻译教学［J］．外语界，2007（3）：35－43.

[3] 周兴华．计算机辅助翻译协作模式探究［J］．中国翻译，2015（2）：77－80.

[4] 陈伟．机器翻译对译者主体性的解构——兼论人工翻译的未来落脚点［J］．外语研究，2020（2）：76－83.

[5] 仲伟合，周静．译者的极限与底线——试论译者主体性与译者的天职［J］．外语与外语教学，2006（7）：42－46.

[6] 许钧．“创造性叛逆”和翻译主体性的确立［J］．中国翻译，2003（1）：6－11.
[7] 查明建，田雨．论译者主体性——从译者文化地位的边缘化谈起［J］．中国翻译，2003（1）：19－24.

法商文本中计算机辅助翻译个人语料库建立问题探究*

苗天顺** 吴健伟***

摘要： 计算机辅助翻译，在现代的翻译领域有着广泛的应用。对比机器翻译，计算机辅助翻译在人机互联方面的联系更加紧密。本文就建立计算机辅助翻译法商文本语料库的选词展开论述。法商文本的翻译包含很多领域，商务合同的翻译、经贸合同的翻译、法律合同的翻译、项目招标的翻译、等，不胜枚举。在不同的国家和地区，对于文本翻译用词的要求和标准的不同，不同的领域和不同的行业对文本翻译也有着特殊的要求，对术语翻译的专业性要求特别严格。结合计算机辅助翻译让选词更加准确，译文更符合行业规范。

关键词： 计算机辅助翻译；语料库；法商文本

1 引 言

计算机辅助翻译语料库的建立是一个漫长的过程。由于语言的发展，词汇的运用一直跟随着社会发展的变化而变化。在法商文本中，由于法商文本本身的严谨性，这种变化显得相对较小。所以，在建立语料库的时候，就需要更加关注选词的准确性，很多时候首次选词的正确率会极大地提高计算机辅助翻译后

---

* 本文为教育部2020产学协同育人项目“大学英语分级教学线上授课模式探索”（项目编号：202002038044）的部分研究成果。

** 苗天顺，北京工商大学外国语学院副教授，主要研究方向为英语翻译。

*** 吴健伟，北京工商大学外国语学院2020级翻译专业硕士研究生。

的译文的正确率。现在行业内比较主流的计算机辅助翻译有 SDL Trados（Trados 由 Translation、documenttion 和 Software 组合而成）等。在刚使用这些计算机辅助翻译的时候，计算机辅助翻译的结果往往是从谷歌翻译、百度翻译等语料库提取出来的。这样就涉及一个问题，我们都知道机器翻译在现阶段还远远不能解决像法商类文本这种文本的翻译[1]，翻译过程中会出现很多错误、译文不严谨，而专业术语的错误是其中较为严重的一种。所以，在翻译法商类文本的时候，其语料库并不能为译者提供准确的目的语译文。而建立个人语料库则显得尤为重要，随着时间的推移，翻译工作量的增加，个人语料库不断完善，翻译效率也会大大提高。其中个人语料库专业术语的选词问题则会影响整个个人语料库的质量。因此，本文即探索个人语料库专业术语选词。

2 个人专业术语语料库建立要求及方法

在建立计算机辅助翻译的个人语料库时，我们需要借助一些计算机辅助翻译的软件，在建立法商文本的个人语料库时，首先，是确认法商文本的译文的准确性。所以，法商文本译文的来源就相当重要。政府及大型企业的法商文本译文是比较可靠的选择。在翻译法商文本时，借助此类文本的译文，并将专业术语不断录入计算机辅助翻译的软件中。在遇到相同专业术语却有着不同的译文，需要查询相关的字典，将正确的术语录入软件中。

其次，个人语料库的建立，需要进行两次筛选。借助 range 软件，通过 range 软件对文本进行筛选整理。将文本的词汇按照出现频率的高低，将其分为核心词和非核心词。整理成 Excel 表格，完成对词汇的初步筛选；将筛选好的词汇，通过人工的第二次筛选，将专业术语之外的词汇剔除；将结果导入计算机辅助翻译的软件中，完成语料库的初步建立。

3 专业术语语料库的建立

3.1 专业术语语料库的建立标准

术语翻译是法商文本翻译过程中，最重要的一个环节，这直接关系着目的语和源语言是否一致。在翻译专业术语的时候，不能仅仅追求其表面的文本信息，往往还要考虑到其隐藏的文本信息。是否符合行业规范与标准。不同行业和领域对术语翻译有严格的要求，单词的选择直接影响一篇译文是否被行业内的专业人员解读。在术语翻译的词汇层面，需要注意词性和词的内涵与外延[2]。首先，从词性和词的构成来看，名词性的术语应译作名词性的术语；动词性的术语译作动词性的术语；形容词性的术语译作形容词性的术语。这样可以确保词性对等。术语翻译最理想的状态是在目的语中找到，在形态和语义上都对等的词。“对等并不等于同一，译者在译入语中，应该寻找对等的语汇，而不是同一语，换言之，重点放在原文信息在译文中的再现，可以不保留原文的表达形式。”[3]但通常情况下，很多术语在目的语中并不能找到语义和形态完全对应的词。译者需要寻求语义上对等的词[4]。从这一方面来看，从多方面选择术语词汇，首先，从词性上选择，一个词往往存在多种词性，原文词性与译文词性存在一种对等的关系。即在保证译文质量的前提下，译文应与原文保持词性上的对等。这样的译文不仅符合行业的规范，而且贴合原文的意思。其次，由于原文和译文是两种完全不同的语言，在目的语中，有时很难找到词性和意义上都对等的词语，或者目的语中根本不存在，在词性和意义上都对等的词语，遇到这种情况，就只能发挥人的主观能动性，采取主流的翻译策略，直译、音译，甚至在高水平翻译人员可以运用创译的翻译技巧。运用合适的翻译理论，如搭配理论、功能对等理论等，将原语所包含的信息，在目的语中一一展现。这时候就不需要做到词性上的对等，也不需要做到语句结构上的对等。只需要让目的语读者能准确理解原语所表达的意思即可。

3.2 专业术语语料库的选词

在建立语料库的过程中，专业术语译文的选词问题是决定专业术语译文质量的一个重要的因素，不同的选词会改变专业术语的意义和使用范围[5]。在法商文本中 interest 与 policy 是极具代表性的两个词汇。本文以这两个词为例，解析专业术语语料库建立选词这一重要问题。

在不同的原语文本中，interest 与 policy 的词义选择有着很大的不同。在不同的学科和领域，对于 interest 与 policy 这两个词有完全不同的解释，具有学科所包含的专业性。这对译者的专业性有很高的要求，具备专业性的知识是必备的要素。如果将不同学科和行业内的专业性词汇不加区别地使用，不仅会严重影响译文的质量，而且是一种极其不负责任的行为。

以 interest 为例，这个词对于译者来说十分的常见，几乎所有的文本中都会出现这个单词。但是，很多译者对于 interest 的词性和词义并不是很了解。这样就会给翻译造成很大的困扰，错用 interest 的词义，造成原语和目的意义完全不同。例如，在原语中，interest 的含义是“股权”，在目的语中，却译成“利息”。在这样的情况下，不仅只是错译了，甚至会造成极大的损失，担负法律责任。所以，对 interest 词义的分析和选择显得尤为重要。

例 1. We have interest in poetry.

翻译为：我们对诗歌有兴趣。interest 在目的语中翻译为“兴趣”，在这个句子中也可以看出选词的另一个特点，即使是同一个词性的选择中也是不同的。

interest 翻译为“兴趣”而不是爱好，很多人觉得“兴趣”和“爱好”之间并没有太大的区别，确实，在目的语中“兴趣和爱好”通常一同出现，词义相近，但是在文本翻译中“对某事有兴趣”，并不意味着“某事是一个爱好”。虽然“兴趣，爱好”一般出现在文学类文本中，但是却给法商文本的译文提供了一个清楚的对照，文学类文本尚且如此，法商类文本就需要更严谨。

例 2. He purchased a third interest in a schooner.

翻译为：他买下了一条帆船三分之一的股权。

在这句话中 interest 在目的语中翻译为“股权”，而不是翻译成“产权”。很多人觉得一艘船的产权和股权没有区别，这就落到对文本认识不清晰的陷阱里。“股权”在商务文本中和“产权”完全是两个不同的概念。股权是有限责任公司或者股份有限公司的股东对公司享有的人身和财产权益的一种综合性权利。即股权是股东基于其股东资格而享有的，从公司获得经济利益，并参与公司经营管理的权利。产权是经济所有制关系的法律表现形式。它包括财产的所有权、占有权、支配权、使用权、收益权和处置权。所以，选择不同的词义的译文，对于一份合同的拟定，在某种程度上，有着决定性的作用。interest spread 与 the special interest 这两个短语，一个翻译为“利息差额”；另外一个翻译为“特殊利益”。两者不能混为一谈，在金融领域的术语中，interest 翻译为利息，而在一些商务合同中，interest 应翻译为“利益”。如果将两者的译文调换，会对合作双方造成极大的影响。

同 interest 一样，在不同的文本中，policy 也有着类似的区别。policy 这个单词源自拉丁语，翻译为“政策”的时候，指的是国家政府用来指导政府处理国家事务，或者是立法机关指定的一般规则。除此之外，policy 的另外一层含义是“保险契约”和“保险单”。在国际贸易当中，policy 所蕴含的含义也被彻底地改变.

例 1. The government's policies on education.

翻译为：政府的教育方针。

从这点我们可以看出，policy 翻译为“政策，方针”的时候，动作的发出者一般是具备管理社会公共职能的政府机构单位，同时在一些大型的集团公司，或者是民间团体中，也将 policy 这个词翻译为“政策，方针”。同理，在进行汉译英的过程中，遇到这一类主体所发出的政策及方针时，应该使用 policy 这个单词。

例子 2.（1）The policy holder shall submit a claim within 30 days of any loss or damage to the property insured.

翻译为：保险单持有人应在受保险财产遭到损失或者损坏后 30 天内提出索赔。

（2）Claims，if any，payable on surrender of this policy together with other relevant documents. In the event of accident where by loss or damage may result in a claim under this policy，immediate notice applying for survey must be given to the company's agent as mentioned hereunder.

翻译为：所有受保险的货物，如果出现任何意外情况，本公司凭保险单及其他有关证件给付赔款。所有受保险的货物，如果发生本保险单项下负责赔偿的损失或事故，应立即通知本公司下述代理人查勘。

在例 2 和例 3 中，policy 翻译为“保险单”。这是因为在贸易的所有合约当中，policy 有行业内固有的含义，与政治类文本的翻译完全不同。在这个时候 policy 不再翻译为“政策”，而是蕴藏合作双方的契约精神。例如，policy maker 和 policy holder 分别翻译为“政策制定者，决策人”“投保人，保险客户”。如果在选词的时出现错误，译文就完全不成立。同理在进行英译汉的练习中，遇到“政策”这个词语，在进行翻译时，要分清是不是正式的文本，文本表述的主题是谁，不是所有的政策都翻译为 policy，很多情况下，是由于人的主观能动性，在原语中表达的不是很清晰，但是在翻译的过程中，需要仔细地甄别及选择。

4 总 结

法商文本的选词问题和计算机辅助翻译语料库的建立是同时进行的。语料库的建立，首先，要求我们熟练掌握计算机辅助翻译软件的运用，通过软件来提高语料库建立的效率；其次，法商文本的选词不是仅仅靠技术手段就能完成的任务，除了借用技术手段初步筛选出核心词汇之外，人工的挑选显得尤为重要，这一步骤是技术手段不能替代的，这也是计算机辅助翻译的局限性。在相对专业的领域中，软件只能提供一个相对准确的译文，但又做不到绝对准确。所以，这个时候就需要人工的筛选和校准，这是在建立语料库过程中相对耗时的工作，由于源语言和目的语存在差异，人工筛选和校准可以为语料库提供最准确的专业术语的译文。法商文本计算机辅助翻译语料库的建立是人工和机器的结合，智能机器缩小属范围，人工筛选准确定位，这是建立法商文本语料库的重要途径。

参考文献

[1] 冯雪红．论商务翻译教学中的术语翻译问题［J］．中国科技术语，2020，22（1）：57-60.

[2] 黄文虹．商务英语翻译4Es标准在教学中的应用［J］．知识文库，2018（18）：73.

[3] 彭斐，刘潇．4Es标准下商务英语翻译教学革新策略［J］．天津市教科院学报，2018（4）：78-80.

[4] 翁凤翔．论商务英语翻译的4Es标准［J］．上海翻译，2013（1）：34-38.

[5] 陈峰，黄勇，王和私．化工英语语料库的构建与应用前景［J］．材料保护，2021，54（3）：198-199.

计算机辅助翻译在法律翻译中的运用探究[*]

苗天顺[**]　徐　阳[***]

摘要： 如今经济和信息技术飞速发展，传统手工翻译模式已无法满足现代翻译的需求，计算机辅助翻译技术则应运而生。计算机辅助翻译软件功能丰富，可以通过共享的翻译记忆库和术语库来提高翻译的效率及质量，而且能在多人协作翻译的过程中保证术语一致。

而随着法律制度的完善，法律翻译也变得越来越重要，并且法律文本特点显著，结构统一，更适合使用计算机辅助翻译工具。因此，本文将探究计算机辅助翻译在法律翻译中的有效运用。

关键词： 计算机辅助翻译；法律翻译

如今，经济全球一体化趋势不断加深，各国经济、文化交流日益加强。随之而来，对法律翻译的需求也越来越大，这类翻译的内容多且专业、期限短、并且质量要求高，这就要求译者同时具备足够的语言能力、翻译技能和专业知识，而此类译者数量较少，这就对翻译行业提出了新的挑战。此时，计算机辅助翻译技术迎合了时代的需求，在现代翻译中，有无可替代的作用。法律文本的特点显著，语言规范且严谨，多使用正式、庄重的法律词语和专业术语，句式复杂且严谨，结构固定、统一。相比于文学翻译，法律翻译更适合使用计算机辅助翻译工具。

---

* 本文为教育部 2020 产学协同育人项目“大学英语分级教学线上授课模式探索”（项目编号：202002038044）的部分研究成果。

** 苗天顺，北京工商大学外国语学院副教授，主要研究方向为英语翻译。

*** 徐阳，北京工商大学外国语学院 2020 级翻译专业硕士研究生。

1 计算机辅助翻译概述

计算机辅助翻译（computer-aided translation，CAT）有广义和狭义之分。从广义上来说，它是指能够辅助译员进行翻译的所用计算机软件，包括通用软件，如字处理软件、光学字符识别软件、电子词典、电子百科全书、搜索引擎等[1]；从狭义来说，它是指实现翻译过程相关的计算机工具，如译员工作台、翻译记忆工具、术语管理工具、项目管理工具等。国内外常用的 CAT 软件有 SDL Trados，Déjà Vu，Wordfast 等。

CAT 的核心是翻译记忆库（translation memory），译者可以利用原文和译文建立起一个或多个翻译记忆库，并自动存储已翻译的内容。在 CAT 软件使用前，记忆库是没有内容的，所以在翻译的过程中，译员需要不断在记忆库添加内容。CAT 软件可以自动将翻译记录储存于记忆库，当再次翻译同样或类似语句时，它可以自动出现翻译提示，这样则可以把翻译工作中重复性的内容交给计算机，译者可以利用已存储的记忆库进行高效工作。CAT 技术可以综合机器翻译和人工翻译两者的优势，既能充分发挥计算机大容量、速度快、语料库庞大、涵盖面广等优势，通过人工参与其中，又克服了其翻译生硬、功能对等性低、不能涵盖人类情感内容等缺点，使机器翻译和人工翻译两者的优势互补[2]。

2 法律翻译的特点

当今法律翻译人才较稀缺，因为法律涉及很多领域，如科技、经济、社会学等。这就要求法律译员具备严谨的逻辑思维能力，优秀的文笔，扎实的法律功底，强大的法律问题分析、处理、应变及解决能力，以及独立分析、综合判断能力。

翻译是十分复杂的语言互换活动，而法律翻译更是具有很强的独特性，在翻译的过程中，需要严谨、精准，否则就会造成很严重的影响。法律英语同其他社会方言一样，是人们根据社会文化环境和交际目的、交际对象等语用因素在长期使用中，形成的一种语言功能变体，具有其自身的特殊用途和规律。法律专业术语是法律翻译中极其重要的一部分，它们的数量不多，但使用频繁，是最具有法律语言特征的部分，如“法定代表人”“受害方”“要约”“承诺”等，这些术语基本会在法律文本中出现，也使法律文本与其他文本体现出明显的不同。一般来说，每个法律术语只能表达一个特定的法律概念，所翻译的过程中，任何译者都需要把同一术语翻译成相同的表达。法律术语的对等翻译是法律翻译的关键。术语翻译的准确与否直接关系翻译质量的优劣[3]，所以计算机辅助翻译可以帮助译者做这项工作。译者可以将法律中的专业术语输入记忆库，这样则可以很快检索出长段落或烦琐法律文件中的固定词组，避免出现术语不一致的情况。如此一来，计算机辅助翻译可以利用记忆库来提高到工作效率，避免译员出现失误。

3　计算机辅助翻译在法律英语翻译中的运用策略

在进行法律翻译时，首先要明确翻译文本的特点，法律本文特点明显，用词和句法都有一定的特殊性，译者在翻译初期就要考虑到法律文本的类型。在计算机辅助翻译中，不是对法律文本进行单一的文本翻译，而是将翻译、编辑和储存等功能一起结合起来。

3.1　建立记忆库

在进行计算机辅助翻译的过程中建立翻译记忆库，记忆库是将翻译过的内容保存下来，在随后的翻译中遇到相似的术语或句子，系统自动匹配相应的译文，译员可以直接应用或进行修改。这样则减少了译员的工作量，加快翻译的速度。

3.2　建立术语库

计算机辅助翻译的另一个重要功能就是建立术语库。译员可以在翻译的过程中，建立术语库，记录文本中的法律术语，也可以在软件中对术语进行定位、提取和添加。这样不仅可以统一术语，达到术语一致的效果，符合法律文本要求术语和句法准确的特点，而且还可以减少术语错译的现象。

3.3　对齐功能

大部分计算机辅助翻译软件都有对齐功能。以 Trados 为例，Trados 的对齐工具可以把已经翻译过的原文和译文进行对齐，并将对齐的文档导入翻译记忆库，形成平行语料库，还可以进一步创建新的翻译记忆库。若原文和译文的匹配率不高，译员可以选取要查的词语或短语，检索已翻译的文本，自动搜索译文，将其复制到译文区，这样做有利于实现译文的前后一致。若翻译的译文出现错误，有了对齐功能，文本则变成双语对照形式，这样也方便译员对译文进行修改和完善。

3.4 计算机辅助翻译与人工翻译相结合

虽然机器翻译有了一定的发展，功能更加全面，使翻译变得更便利。但是，在翻译过程中，其中的主导者还是人，现阶段计算机辅助翻译软件一般都是以翻译记忆库为核心。当下随着科技发展，不仅需要译员在有一定的语言能力的基础上，具备一定的翻译理论知识，还能够使用现代化的方式和手段来解决翻译问题，这样才能适应科技的发展，满足市场的需要。由于在法律翻译中会出现大量专业术语，如 offer（要约）、acceptance（认可）、the deceased（死者）等，这些词在法律中的意思和其普通的含义是有差别的，还会出现固定的法律词组的搭配，如 breach the law（违法）、bear the costs（承担费用）等，这类搭配中的动词与名词不可随意更改。这样计算机辅助翻译可以帮助译者做出建立记忆库、术语库及对齐等功能。但是有了机器翻译的帮助，最重要的还是译员对译后的译文进行编辑、调整和修改，如译文中的漏译、术语不一致、拼写错误、语法错误、格式错误等问题。所以，在翻译法律文本时，不能仅依靠与机器的翻译版本，译员也要加强自身的翻译能力，能够对文本进行理解和解释说明，从而实现机助人译的翻译模式，这样才能使翻译更加准确且完善，确保译文的客观性和真实性。

4 CAT 在法律翻译中的挑战

虽然科技在不断发展，译员在进行法律翻译时，有了更加完善的工具，且工具具备丰富的功能，这些都可以帮助译员更好地完成翻译任务。但是，计算机辅助翻译工具也有其局限性。例如，翻译记忆库的功能只能在重复率较高的翻译中，有较大的作用。翻译的两种语言有巨大的文化背景的差异，这使语言的意义在不同的文化背景下有差别，尤其体现在术语的翻译中，英美法系和大陆法系在法律文化上的巨大差异使两种法系中，法律概念的不完全对等，导致法律术语对等很难实现[4]。同时，中西方诸多法律理念有着本质上的差异，如果直接翻译法律英语中的词汇，其意义不容易被读者理解。所以，译员需要基于忠实的原则上对词汇进行完善。总之，计算机辅助翻译还是具有局限性，需要与人工翻译相配合才能够产出更优的译文。

5 结　语

如今，虽然计算机辅助技术已经实现相对较快的发展，译员在使用这项技术的时候，不仅要充分运用其中的各项功能，同时也应该意识到其局限性，这样才能提升它的实用性，拥有更加优秀的智能化翻译水平。今后，机器翻译还会不断发展，但译员不能妄自菲薄，担心机器代替人工译员，而是要充分利用CAT的功能来帮助自己完成翻译。

参考文献

[1] BOWKER L. Computer-aided translation technology [M]. Ottawa: University of Ottawa Press, 2004.

[2] 庞盈羽．谈机器翻译与人工翻译的关系——从机器翻译与计算机辅助翻译的发展角度 [J]. 科学大众·科学教育，2019 (11).

[3] 张法连．法律翻译中的文化传递 [J]. 中国翻译，2019 (2).

[4] 张法连．法律翻译中的机器翻译技术刍议 [J]. 外语电化教学，2020 (1).

从生态翻译学看《民法典》英译中的译者主体性[*]

王冬冬[**]　田　莉[***]

摘要：生态翻译学从生态学的角度展开，将翻译视作译者在“翻译生态系统”中进行适应和选择的过程，与译者主体性有一定的联系。为进一步探究生态翻译学视域下的法律翻译中的译者主体性，本文对《中华人民共和国民法典》（以下简称《民法典》）的两个英译本（北大法宝英译本和威科先行英译本）进行对比分析从而进一步验证法律翻译中，译者主体性在生态翻译学视角下的体现，希望引起译者在翻译过程中对其主体性的关注，从而更好地提高译文质量，促进国内法律条文译本的推行。

关键词：生态翻译学；主体性；法律翻译；《民法典》

1　生态翻译学和译者主体性

1.1　生态翻译学

生态翻译学由胡庚申教授于21世纪提出，是一项探讨生态翻译、文本生态和“翻译群落”生态及其相互作用、相互关系的跨学科研究，是一种从生

---

* 本文为北京工商大学研究生科研能力提升计划项目“生态翻译学视角下商务英语中的隐喻及其翻译——以2020年《经济学人》为例”的部分研究成果。

** 王冬冬，北京工商大学外国语学院翻译硕士研究生。

*** 田莉，北京工商大学外国语学院讲师，研究方向为应用语言学。

态视角综观和描述翻译的研究范式[1]。

1.2 译者主体性

随着翻译学界的不断发展，学者开始关注译者主体性这一关键要素。译者主体性是指作为翻译主体的译者在尊重翻译对象的前提下，为实现翻译目的而在翻译活动中表现出的主观能动性，其基本特征是翻译主体自觉的文化意识、人文品格和文化与审美创造性。译者作为原作者与读者、原文与译文的中间人，在翻译过程中处中心地位，因此探究译者主体性能为翻译研究提供新思路，打开新视野[2]。

1.3 生态翻译学和译者主体性的联系

生态翻译学认为，译者主导“翻译群落”的生态，在翻译过程中位于中心地位。译者主体性强调译者在翻译活动中发挥主观能动性。因此，生态翻译学和译者主体性有一定的相似性。译者需要选择适合的翻译策略和标准来发挥好译者主体性，即在翻译生态环境中进行适应与选择，实现不同生态环境间的有效转换。

2 具体实例分析

生态翻译学提出的翻译方法为“多维转换”，即在适应性选择的原则下，相对集中于语言维、文化维和交际维的适应性选择转换[3]。因此，本文主要从语言、文化、交际三个维度来分析译者主体性在法律文本中，如何得到发挥，从而更好地实现多维转换。

2.1 语言维的主体再现

语言维的适应性选择与转换主要体现在对语言本身的转换上，即译者在词汇方面的主动选择。从语言维来看，法律术语词义单一，每个术语都有其特定的法律概念，译者在翻译时需要注意意义相近的词汇选择。例如，《民法典》第 100 条“法律、行政法规对城镇农村的合作经济组织有规定的，依照其规定”。北大法宝翻译“规定”为 provide，而威科先行的翻译是 stipulate。两个词汇均可表示“规定”，但在法律英语中 provide 常指法律、法令、合同等的规定，而 stipulate 通常指条例、法规的规定，二者所具法律效力不同，不可替换使用。

2.2 文化维的主体再现

文化维要求译者注重翻译过程中双语文化内涵的阐释与传递[3]，在法律翻译中，文化维度的适应性选择与转换可以理解为不同国家间的法律文化的转换。例如，第 269 条“营利法人对其不动产和动产依照法律、行政法规以及章程享有占有、使用、收益和处分的权利。”北大法宝将“章程”翻译为 by-laws，而威科先行则翻译为 articles of association。“章程”这一词在不同的国家内涵不同。在美国 articles of association 通常指公司刚建立时的组织大纲，其他单独制定的则为 bylaws，相比较而言中国的“章程”应等同于两者的结合。因此，译者须好好把握不同国家法律文化之间的差异，才能使译本更加准确、精细，更好地实现文化维的转换。

2.3 交际维的主体再现

交际维是指译者在翻译过程中关注双语的交际意图，即“交际维的适应性转换”[4]，在法律翻译中，要求译者注重读者的交际意图，翻译出具有同等法律效力的文本。例如，第 336 条“承包期内发包人不得调整承包地。”威科先行翻译为 contract-letting party，而北大法宝并没有遵守“形式对等”，而是直接翻译为 landowner。这种译者“创造性”的发挥在此并不影响译文的准确性，也达到了交际意图，实现了交际维度的转换。

3 结 语

在生态翻译学的三维转换视角下，译者是翻译过程中的独立个体，译者主体性对翻译活动起到主导作用。在法律翻译中，是否译出具有同等法律效力的平行文本，是评估译本质量的标准之一。在未来的翻译实践中，译者既要合理转换维度，正确传递法律文本的信息，又要发挥主观能动性，让翻译作品融入译语文化环境，具有同等法律效力，从而实现翻译生态环境的平衡与和谐。

参考文献

[1] 陶李春，胡庚申．贯中西、适者存：生态翻译学的兴起与国际化——胡庚申教授访谈录［J］．中国外语，2016，13（5）：92－97.

[2] 查明建，田雨．论译者主体性——从译者文化地位的边缘化谈起［J］．中国翻译，2003（1）：21－26.

[3] 胡庚申．生态翻译学的研究焦点与理论视角［J］．中国翻译，2011，32（2）：5－9，95.

[4] 胡庚申．生态翻译学解读［J］．中国翻译，2008（6）：11－15.

从生态翻译学角度解读《卖花女》英译*

辛佳君** 刘红艳***

摘要：戏剧不仅要求剧本通顺，还要考虑目标观众的接受程度和理解情况。生态翻译学[1]是比较新的翻译理论，赋予译者更多的选择权。本文拟从该视角出发对《卖花女》林语堂[2]译文和杨宪益[3]译文进行赏析，以期为今后的戏剧翻译提供新的思路。

关键词：戏剧；生态翻译学；《卖花女》

我国学者胡庚申教授首次将达尔文的适应与选择原理应用到翻译中来，为国内外学者开启了生态学翻译视角。他提出的“三维”转换视角对译者的翻译实践具有切实可行的指导意义。戏剧是一种特殊体裁，除了语言本身之外，还要考虑观众的反响、舞台效果等其他因素。近年来，戏剧翻译呈上升趋势，但分析仍采用过去比较常见的翻译视角，本文拟用生态翻译学理论来浅析。

生态翻译学理论提出，为得到“整合适应度最佳”[4]的译入语文本，要在“多维度适应与适应性选择”的原则之下，相对地集中于语言维、文化维和交际维的适应性选择转换。

从语言维来看，译者在翻译的过程中，要考虑整体生态环境，适应性转换语言形式。戏剧题材要求台词简明、通俗易懂。英语用连接词与从句的频率较

---

* 本文为科研团队建设项目（项目号：19005902018）和科研项目（项目号：14ZHB007）的部分研究成果。

** 辛佳君，北京工商大学外国语学院硕士研究生，研究方向为话语研究。

*** 刘红艳，北京工商大学外国语学院教授，主要研究方向为话语分析、学习者语料库研究、言语障碍研究。

高，而汉语比较简练。故在忠实原文的前提下应尽量简短。

例1：They are all peering out gloomily at the rain, except one man with his back turned to the rest, who seems wholly preoccupied with a notebook in which he is writing busily.

杨宪益：大家都很愁眉苦脸地看着廊外的雨，只有一个背向着旁人，全神贯注地忙着在他日记本里写着。

林语堂：他们都正在焦灼地探首观望雨势，除了一位男人，背向其余的人，仿佛一意茫然于他在忙碌写记的一本笔记簿。

两个版本都符合原文意思。从翻译长度来看，杨宪益的译句有42个词，而林语堂的译句有49个词。相比较而言，杨宪益的版本更加简练。除时态、忠实度和翻译的长度外，修饰关系的处理也可以反映语言维层面的适应与选择。

从文化维来看，译者要关注文化差异，先准确理解原语文化，再尽可能让目标读者或观众产生相同的感受。

例2：Between the fireplace and the phonograph table is a stand for newspapers.

杨宪益：在壁炉和放录音机的桌子之间有一个放报纸的架子。

林语堂：火炉与放留声机的桌子中间有一新闻纸架。

有两个词汇具有文化特色。fireplace 和 phonograph。以 phonograph 为例，《牛津现代英汉双解大词典》解释为“旧时可录音、放音的蜡筒式留声机”。杨宪益所译的“录音机”在今天仍使用，而林语堂译的“留声机”更具时代特色。此外还需考虑目标观众，翻译时要预想到舞台效果和观众感受。

例3：(Snatching a chocolate cream from the piano, his eyes suddenly beginning to twinkle with mischief) Have some chocolates, Eliza.

杨宪益：(从钢琴上赶快拿起一块奶油巧克力糖，他眼睛发着光，带着恶作剧的表情) 伊莉莎，吃块糖吧。

林语堂：(由钢琴上抢起一块芝古力乳酪糖，他的眼睛忽然显有恶作剧的光彩) 用一点芝古力吧，以利沙。

在 chocolate 的翻译上，我们现在都统一译为“巧克力”，但林语堂所处的时代更早一点，对于当时的观众来说“芝古力”是一个外来词，根据前后的语境也能推测出是一种食物。而杨宪益的译文则贴近我们现在的说法。对于 Have some chocolates 中的 Have，林语堂译作“用”符合当时人们的说法，吃饭在当时称作“用膳”，而杨宪益的“吃”比较适合当代观众。从这个角度来看，两位译者的译作都比较符合各自所处时期人们的习惯表达。

从交际维来看，译者在翻译时需考虑交际意图以使观众更好理解。

例 4：Whos trying to deceive you? I called him Freddy or Charlie same as you might yourself if you was talking to a stranger and wished to be pleasant.

杨宪益：谁打算骗你哪？咱叫他佛莱第也好，查理也好，左不过是个自家人的意思，您碰到个生人不也是那么称呼吗？

林语堂：谁想瞒你？我叫他佛莱弟或查利正如你自己在同一位生人说话而想同他和蔼时，也要如此。

杨宪益将长句拆分成几个短句，符合中文短句多逗号的特征，而林语堂保持了原文的长句风格，这会对观众的理解造成影响。wished to be pleasant 隐含的意思是“想要拉近关系”。林语堂按照字面意思翻译，这使不熟悉英文表达的中国观众感到困惑。而杨宪益的处理方式比较灵活，让模糊的感受变得清晰。此外，把原语的陈述句变成反问句，也能够拉近与观众的距离。

故事《卖花女》发生在 19 世纪 20 年代，人物语言风格各异，具有典型的文化、时代、阶级特点。从生态翻译学视角下，对两种译本进行探析，不难发现在语言维和文化维上，两个版本在不同地方的翻译处理上各有千秋，若能互补，那么整体的翻译会更好。在交际维杨宪益版的翻译语言通俗易懂且连贯性好，读者更易理解，对当代观众来说接受度更高。而林语堂的版本符合他所处的时代，面对当时的观众舞台效果更好。以生态翻译学的视角来赏析《卖花女》英译，以译者为中心，从三个维度出发，能够更加清晰地对比两个译本之所长。今后的戏剧翻译也可以尝试从生态翻译的视角来进行分析。

参考文献

[1] 胡庚申．生态翻译学解读［J］．中国翻译，2008（6）．

[2] 萧伯纳．卖花女［M］．林语堂，译．北京：开明书店印行，1945．

[3] 萧伯纳．卖花女［M］．杨宪益，译．北京：中国对外翻译出版公司，2001．

[4] 胡庚申．翻译适应选择论［M］．武汉：湖北教育出版社，2004．

浅析文化因素对翻译的影响

刘江红*

摘要：翻译不仅是简单的两种语言的转换，更是一种文化的交流。翻译中最大的障碍是因为英汉存在较大的文化差异，从而产生文化冲突。因此，本文着重从风俗习惯、思维方式、宗教信仰等几个方面讨论中西文化的差异对翻译的影响。

关键词：翻译；文化差异；影响

语言是文化的重要组成部分，与文化有着不可分的密切关系。英汉文化的差异必然对两种语言的翻译过程及其精确性产生巨大的影响[1]。究其原因，主要是因为对两种语言的文化缺乏足够的了解，本文主要从以下3个方面浅析文化差异对翻译的影响。

1 历史及风俗对翻译的影响

中西方文化中不同的宗教信仰和历史典故，必然浸透在各自的语言表达中。由此可见，译者若缺乏对这种文化个性的深刻了解，就难以鉴别词语中的文化内涵，导致错译或误译。当然，翻译是历史典故和历史文化的翻译，而不是单停留在文字的表面[2]。我国民间传说中的牛郎织女的相会，英语称为 the milky way。中国人对 the milky way 感到很不理解。其实 the milky way 源于希腊神话，是天后赫拉（Hera）给赫拉克勒斯（Hercules）喂奶时所滴下的乳汁凝

* 刘江红，女，北京工商大学外国语学院讲师，主要研究方向为英语教育。

成的一条路。

再看下面的句子：The pills that they gave Tony were a Greek gift; they wanted him to get addicted.

翻译为：他们给托尼的药丸是不怀好意的礼物，他们想让托尼上瘾。

在上面的译文中，如果不理解 Greek gift 这个习语的意思，就无法理解整个句子，Greek gift 表示"不怀好意的礼物"，源于希腊人与特洛伊城交战时，希腊人佯装求和并送一只内藏有士兵的巨大的木马作为礼物，从而一举攻陷了特洛伊城。要想译好这些习语与典故，不充分理解其文化背景是很难达到理想的翻译效果的。

2　思维方式差异对翻译的影响

几乎每个国家都有其独特的思维方式，这种独特的思维方式也成为多种文化模式形成的主要原因之一。汉语国家和英语国家无一例外，由于汉语是整体思维，而英语是个体思维，英汉逻辑思维顺序不一样。

例如，你的身材很美。

翻译为：A. You have a fair figure. B. Your figure is beautiful.

B 句型是典型的汉语思维翻译的中国式英语，但英汉的逻辑思维顺序不一样，而 A 句才是规范的英语。

又如：Nobody could be too foolish this day.

若直译为"今天谁也不会太愚蠢。"那就大错特错了，因为从句法上看，它是一个双重否定结构，从思维方式上看，它是一种逆向思维。其正确翻译为：今天，无论你出洋相到什么程度，都不算过分。从空间思维出发，中国人习惯由大到小，西方人喜欢从小到大。从思维方式上看，中国人习惯顺向思维，而西方人习惯逆向思维，如"自学"，翻译为：self-taught；"你先走"，翻译为：after you；"寒衣"，翻译为：warm clothes；"东北"，翻译为：north east。

3　宗教信仰对翻译的影响

宗教文化指的是由民族的宗教意识、宗教信仰所形成的文化，表现为不同的民族在崇尚、禁忌等方面的差异。中国人信仰佛教的人数较多，他们相信佛主主宰一切，而欧美人信奉基督教的人数较多，他们认为上帝创造世界。汉语中有“借花献佛”“缘木求鱼”等成语，英语中也存在 God bless you、God be with you（上帝保佑）等习语。翻译时应特别注意，中西方在宗教传统方面的差异，否则可能会出现失当现象。例如，the eleventh hour 不能翻译为“第十一个小时”，而是“最后一刻或最后的时机”。根据新约圣经《马太福音》记载，从清晨六点到下午六点共十二小时为一天，而第十一个小时是能得到报酬的最后一个小时，所以 the eleventh hour 比喻千钧一发的最后一刻。由此可见，翻译要达到精、准，就必须把宗教因素考虑在内。

译者需加强对目的语文化背景知识的学习，深刻了解中西方文化差异，并通过两者的对比，做出对等的文化传译。并且根据一定的翻译技巧和原则将原文内容灵活处理，紧密联系目的语的文化背景，达到“信、达、雅”的标准，使翻译得以流畅和谐地完成。

参考文献

[1] 于秀华．文化差异与翻译［J］．山东大学外国语学院学报，2001（2）．

[2] 文珊．杨康复论翻译的文化差异与补偿［J］．吉首大学学报，1997（3）：167－168．

翻译实践中的文本特点分析*

刘红艳** 何 勰*** 武靖晨

摘要：在翻译实践中，文本特点分析是翻译任务质量控制的关键因素之一。在语言学等级结构的指导下，对于翻译文本进行词汇层、句法层和篇章层的文本特点细致分析，能够有效指导翻译理论和技巧的运用。

关键词：翻译文本特点；语言学；翻译实践

1 研究背景

随着“一带一路”倡议的推出和企业“走出去”战略的不断推进，翻译语言服务，方兴未艾。各大高校依托翻译硕士专业学位培养翻译人才，虽然翻译人才队伍形成一定的规模，但是翻译服务质量仍差强人意。我国翻译专业教育和人才培养中，还存在培养理念不清、培养方案不妥、师资队伍建设不强等问题。[1]在翻译人才培养的过程中，重视对翻译文本的深入分析，指导学生运用最适合所翻译文本的翻译理论指导翻译实践至关重要，可以帮助学生走出翻译实践的诸多误区和困惑。

---

* 本文为科研团队建设项目（项目号：19005902018）和科研项目（项目号：14ZHB007）的部分研究成果。

** 刘红艳，女，北京外国语大学教授、北京工商大学教授，主要研究方向为话语分析、学习者语料库研究、言语障碍研究。

*** 何勰，男，北京工商大学外国语学院本科生，研究方向为翻译研究。

2 翻译文本的语言学分析

现代语言学的发展基于以人类学为本的语言学传统到以哲学为本的语言学传统。在此基础上，形成语符学派、布拉格学派、伦敦学派、系统功能理论学派及转换生成语义学派。翻译理论根植于现代语言学的发展，探索源语文本和目标语文本之间的联系和转换。20世纪60年代，约翰·卡特福德（JohnCatford）撰写了《翻译的语言学理论》（*Linguistic Theory of Translation*：*an Essay on Applied Linguistics*）一书，这部翻译理论著作以弗斯和韩礼德的普通语言学理论为基础，提出翻译等值、形式对应和翻译转换等思想，认为翻译就是“用一种等值的语言（译语）的文本材料去替换另一种语言（源语）的文本材料”[2]。

翻译转换理论在实际的翻译实践中的运用不应是僵化的，应该进行动态的运用，以达到最大限度的翻译等值。根据翻译文本的内容，我们可以将翻译文本分为社科类文本、自然科学类文本、历史类文本、文学类文本、医学类文本、商务类文本、法律类文本等。不同文本具有不同的特点，但是对于文本特点的分析，应该遵循语言学分析的各个层级，至少对文本进行词汇层、句法层和篇章层三个层级的分析。

2.1 词汇层

“词是语言中最小的、可以独立运用的结构单位”[3]词意的准确与否影响译文的表达效果。以学术类文本为例，源语文本大量使用名词性结构、静态化使用的形容词、副词，容易造成理解的不完整和误区。采用显化策略可通过增加解释性的文字将原文的隐性表述转化为显性表述，借此降低阅读难度[4]。针对专有名词可采用音译法、直译法及音译与直译相结合的翻译方法；对于抽象名词，可采用增词法、转化词类的翻译方法。

2.2 句法层

英文学术文本以长句和复杂句为主，关系分句、名词性分句、状语从句、分词性结构的高频使用，给翻译理解和转换带来一定的难度。“句子翻译的优劣将直接影响读者对整篇文章的理解，进而影响翻译的质量。因此，语句的翻译就成了影响翻译质量的一个重要因素。”[5]关系分句作为定语修饰句子，建议依照中文表达习惯，采取前置译法和后置译法相结合；被动句则采取被动变主动及保留被动的译法；对于原文中的插入语，建议按照原文语序或调整语序进行翻译，尽力达到形式对应和文本等值。

2.3 篇章层

翻译不仅是一种纯语言结构的调整和形式转换，从逻辑深层来看，支配这一形式转换的是语义逻辑，而非单纯的语法逻辑。英语是“形态型”语言，丰富的形式和形态手段建构起语义填充框架，以形驭义。汉语是“语义句法形”语言，语义角色常常直接投射到词汇—句法层，不需要关系词作为显性语义角色的标记手段[5]。

对于翻译文本的篇章分析应关注文本的语篇衔接。语篇的概念属于功能语言学的范畴。韩礼德和哈桑于 1976 年在《英语的衔接》（*Cohesion in English*）一书中，提出此概念，并划分五种衔接手段：指称（reference）、替代（substitution）、省略（ellipsis）、连接（conjunction）和词汇（lexical）。这一理论启示我们从句子和篇章关系的角度出发，从整体逻辑上对翻译文本进行剖析，指导翻译技巧的使用。

3 结 语

翻译任务质量控制的关键因素之一是对翻译文本的深入分析。语言学学科分支和语言学理论的发展与翻译理论的发展息息相关，使翻译过程有理可循，有据可依。在语言学等级结构的指导下，对于翻译文本进行多层级的文本特点细致分析，能够有效指导我们选取最适合的翻译理论和最有效的翻译技巧。

参考文献

[1] 仲伟合．我国翻译专业教育的问题与对策［J］．中国翻译，2014（4）：40－44．
[2] CATFORD J C. A Linguistic theory of translation.［M］．London：Oxford University Press，1965．
[3] 刘宓庆．新编英汉对比与研究［M］．北京：中国对外翻译出版公司，2006．
[4] 徐莉娜．翻译过程的语言学视角［M］．北京：中国社会科学出版社，2018．
[5] 廖国强．英汉互译理论：技巧与实践［M］．北京：国防工业出版社，2006．

语用学视角下的翻译研究综述*

秦　茜**　刘红艳***

摘要：本文主要对国内语用学视角下的翻译研究进行综述，对国内的研究主要从语用学等效翻译、关联理论、顺应论、模因论四个方面进行综述，且对国内的研究现状做出总结和评价，其研究呈现从理论—应用—实证的多样化发展趋势。

关键词：语用学；关联理论；顺应论；翻译模因论；语用等效

等效翻译原则最早由美国尤金·奈达[1]提出，对知网计量可视化分析显示，等效翻译在我国20世纪90年代开始得到发展，其中对于广告文本、产品商标、商务用语和外宣用语等应用文本的翻译分析比较多。此外，还有对语用等效进行的理论探讨，关注点主要在等效翻译更加侧重文本之外的等效，追求篇章文体等文本内部因素的等效。一些学者认为，语用等效最重要的是做到“言外之力”（illocutionary force）的等值，段开诚[2]认为，语用等效翻译强调在翻译中，结合社会历史语境和上下文语境，但也有学者认为，文本对等才是翻译追求的目标。从知网关于等效翻译研究的论文发表情况上看，我国对等效翻译的研究相较于奈达最初的等效翻译原则有一定的理论创新，理论随着对翻译文本分析实践的增多而逐渐完善，但是类型主要集中在应用文本，原因可能

* 本文为科研团队建设项目（项目号：19005902018）和科研项目（项目号：14ZHB007）的部分研究成果。

** 秦茜，北京工商大学外国语学院硕士研究生，主要研究方向为话语分析。

*** 刘红艳，北京外国语大学教授、北京工商大学外国语学院教授，主要研究方向为话语分析、学习者语料库研究、言语障碍研究。

是中外文化差异较大，保持文体特点的原风格可能会有损含义的充分表达。因此，我国对语用等效翻译策略的研究可以更加多样化，如将等效翻译运用到唐诗、宋词、方言、俗语的翻译等，在实践中发展更适于传播中华文化的等效理论。

关联理论在我国20世纪90年代开始发展，林克难[3]最早研究关联理论与翻译的结合。关联理论在我国发展较其他三种理论更成熟，不仅有应用文本方面的研究，还增加了科技文本的研究，对文学文本的研究也显著增多，其中应用文本的研究主要以公示语的实证性研究为主，重点关注中英译文的解释力，在科技文本翻译中，提出创造性翻译和使用程式化语言的策略，文学文本研究以个案研究为主，其中电影字幕翻译研究居多，还有古诗、诗歌、习语、民族宗教文献的翻译，研究领域更加多样化，涵盖政治、外交、旅游、文学等。在理论研究方面，我国学者提出语言交际理论，更加关注社会语言学角度，最早将关联理论应用到语用翻译中，强调社会语境因素；尽管关联理论在跨文化翻译中解决文化缺省的作用遭到质疑，但是通过动态明示推理过程，可以证明关联理论能够弥补认知中的文化陌生，因此关联理论在跨文化翻译中的解释力不容小觑。通过分析可以看出，关联理论被我国学者应用到很多领域，文本更加多样化，尽管对关联理论的研究还局限在原有的框架中，但是对理论阐释的过程更加细化，通过与认知语言学相结合，证明了关联理论的强大解释力，而理论研究的焦点也从翻译对等转移到思维过程。

20世纪90年代，顺应论才开始在我国发展，于国栋[4]最早将顺应论与翻译结合。总体来说，我国对顺应论的研究呈增长趋势，但是相关研究仍比较少。从研究文本类型上看，各领域均有涉及，增加了关联顺应对法律文本的翻译分析，此外还增加了口译的翻译研究，口译能力被证实和应用顺应论的能力成正比。在理论方面，顺应论被证实在跨文化翻译中的作用，“交际语境”的顺应和等效翻译相互影响。并且有学者在顺应论和关联理论的结合的研究的做出努力。从纵观顺应论在国内的发展可以发现，国内语言学家对于顺应论的理论讨论和创新较少，实际应用研究较多。

理查德·道金斯（Richard Dawkins）首次提出文化传递的单位是meme（指在同一个文化氛围中，人与人之间传播的思想、行为或者风格）。国内模因论的起步较早，研究数量较少，但是增长态势迅猛，尤其是2000年之后的文章数量增多，这和我国在21世纪初提出的中国文化“走出去”战略方针密切相关。何自然首次对模因现象进行了概述，并将模因引入语言应用中[5]，提出翻译策略研究是为了文化交流推广，而模因论框架下的异化翻译策略有利于传达原语文化，树立文化自信。这一认知对中国翻译届的政治觉醒非常重要，以往翻译意味学习国外、了解世界，而现在翻译开始有意识地肩负起提高中国综合国力和文化软实力的重要任务。此外，模因论在当今世界具有巨大的潜能，对人工智能（artificial intelligence，AI）的发展具有一定的借鉴意义，一些学者从翻译的认知、结构、语言、文化等方面寻找共享模因，从而为未来机器翻译提供运作机制。关于模因论的研究主要集中在定性研究和定量研究的内容还比较少；研究对象或者语料涉及范围和领域不广，可以使翻译与模因的结合涉及更广阔的领域和语料；此外，研究文章较其他语用学翻译的发文数量少，说明还有更多开发的潜能。

本文对国内的语用翻译做了简单的综述。总体可以看出，语用翻译理论的提出，大部分始于西方，国内关于语用翻译的研究开展多在 20 世纪 90 年代，语用学与翻译的结合成为一个热点。语用学与翻译研究的结合是翻译领域的一大进步，等效翻译、关联论、顺应论、模因论的理论研究具有很强的指导性，随着理论的完善，也有更多的文本类型能够得到科学地评析和翻译。对于未来，翻译研究会更偏向于演绎性研究和实例分析，研究方法也会越来越科学和严密。例如，可以用到实证研究方法，如有声思维、大脑电子扫描成像技术、核磁共振技术等。

参考文献

[1] NIDA E A. Toward a science of translating [M]. Leiden: E. J. Brill, 1964.
[2] 何自然，段开诚．汉英翻译中的语用对比研究［J］．现代外语，1988（3）：74.
[3] 林克难．关联翻译理论简介［J］．中国翻译，1994（4）：6 - 9.
[4] 于国栋．语码转换研究的顺应性模式［J］．当代语言学，2004（1）：77 - 87.
[5] 何自然．语言中的模因［J］．语言科学，2006（6）：54 - 64.

基于口译语料库的媒体直播同传中非流利性现象多模态研究*

王　沛** 　刘红艳***

摘要： 媒体直播同传简单来说就是电视或网络通过影像或声音来实现信息的跨国界同步实时传播，它是一种新型的、真实的口译工作方式。媒体直播同传具有跨文化性、大众传媒性、即时性、同步性、受众观感性强等特征，因此媒体直播同传是一项很有新意与价值的新闻传播方式，有望成为将来国际新闻传播的主要形式之一。

关键词： 媒体直播同传；流利性现象；多模态研究

1　研究背景

20世纪60年代，电视同声位译（以下简称“同传”）最早出现在法国，我国媒体在新闻直播中引入同传的时间较晚，1991年台湾电视台首次在美国有线电视新闻网（Cable News Network，CNN）新闻直播时，采用了同传[1]。非流利是影响口译质量的一个重要因素。文本结合采用语料库分析和案例分析的方式，试图以多模态的方式重点关注、比较分析中美两国媒体译员直播同传过程中

---

* 本文为国家社科基金资助项目“基于多模态语料库的正常老年人和老年阿尔茨海默症患者语言蚀失及大脑机制对比研究”（项目号：19BYY080）的部分研究成果。

** 王沛，北京工商大学外国语学院硕士研究生，主要研究方向为翻译研究。

*** 刘红艳，北京外国语大学教授、北京工商大学外国语学院教授，主要研究方向为话语分析、学习者语料库研究、言语障碍研究。

出现的非流利现象。

2 文献综述

刘剑、陈水平[2]基于多模态口译语料库对同传中的语音拖长现象进行了研究，认为源语中的不流畅现象等均会导致语音拖长现象的出现，并指出拖长是译员为争取解决问题的时间而被迫采取的一种策略。齐涛云、杨承淑[3]以职业译员英汉双向同传语料库为例，对多模态同传语料库的建立进行了介绍，指出同传译员“隐身性”更强，削弱了视觉模态信息。齐涛云[4]选取美国之音职业译员的个案语料建立了小型双语双模态平行语料库，研究了职业译员英汉同传的停顿现象，发现译文中的停顿频次多于原文，并且比原文增加了五种操作模式：严密语言结构的松散化、长信息结构的切分、译文的分批次产出与副语言特征的共现及逻辑衔接词的明晰化。

3 研究设计

笔者以美国大选类题材为主自建多模态直播同传职业译员口译语料库，针对其中出现的非流利性现象进行多模态研究，关注语言信息层和副语言信息层。语料源语为2020年美国大选的多场辩论及演讲，本研究涉及的中美双方译员均为专业同传译员，译员语言能力差异忽略不计，研究变量为中美两国译员所处社会与工作环境特征及译员自身具备的文化、思维、语言差异。

本研究基于多模态语料库语言学分析法进行分析研究。主要思路为：在相关媒体网站上下载所需的音频、视频资料；使用音频处理软件Audition（一款工具集，其中包含用于创建、混合、编辑和复原音频内容的多轨、波形和光谱显示功能。）分析其音频特性，用讯飞软件辅之人工复核的方式对语料进行转写标注，并借助Elan（标注工具）软件分析其中的多模态信息；然后分别对中美两国译员同传过程中的不流利性现象进行分析后，对结果进行对比分析，探究中美两国译员的口译风格。

4 实证分析

本研究语料源语为2020年美国大选的多场辩论及演讲，中美双方译员均为专业同传译员，译员语言能力差异忽略不计，研究变量为中美两国译员所处社会与工作环境特征及译员自身具备的文化、思维和语言差异。下文中采用的标注符号及其含义详见表1所示。

表1 文中采用的标注符号及其含义

标注形式	英文释义	副语言名称
<PSS>	Pause（short）	停顿（短）
<PSL>	Pause（long）	停顿（长）
<FLRA>	Filler（amendment）	修正性填充
<FLRP>	Filler（postponement）	延缓性填充
<TPQ>…</TPQ>	Tempo（quick）	语速快
<DRL>…</DRL>	Drawling	语音拖长
<RPP>…</RPP>	Repetition（positive）	重复
<SPF>…</SPF>	Simplification	简化

4.1 语言信息层

S32：Folks, in the last days of the campaign, I've begun thinking about a hymn that means a lot to me and my family, particularly my deceased son Beau. It captures the faith that sustains me and which I believe sustains America. And I hope-and I hope it can provide some comfort and solace to the 230，000Americans who've lost a loved one to this terrible virus this year.

美译语及副语言标注：大家<PSS><DRL>在</DRL>选举的最后这几天，我在想<RPP>一首<RPP>一首歌儿<RPP>一首儿歌，这个对于我还有我的家人来说都是有很大的一个意义，就是<PSS>这个是描述出来了我们大家的信仰，我觉得这个也是<RPP>保<RPP>，我希望可以给大家<PSL><SPF>上百多万</SPF>美国人失去自己家人的美国人。

中译语及副语言标注：大家，<PSL>尤其我过世<RPP>过世</RPP>过世的儿子，我很相信，<PSL>其<DRL>实</DRL>在这次疫情当中，有

很多的美国人都 < RPP > 都 </RPP > 过世，我其实过去也 < DRL > 是 </DRL > 过了我自己过世的儿子，我这样的痛苦，我能够感同身受。

分析：句子整体转换较为完整但重复较多，并且美国译员对发言人传递的信息产生了悲伤情感共鸣。美译员对 a hymn 的翻译明显不流畅，重复了三次，中译员在转换 my deceased son 和 who've lost a loved one 时，一连重复了三次"过世的"和"都过世的美国人"且此处翻译错误句子内容明显不完整，多次重复现象导致译语口译质量较低及不流利现象明显。

4.2 副语言信息层

S31：This is a great nation. It's always been a bad bet to bet against America. We're good people. This is the United States of America. And there's never been anything...never been anything we've been not able to do when we've done it together.

美译语及副语言标注：< PSS > 这个是非常出色 </TPQ > 的一个国家。< PSS > 没有任何人 < PSS > 我觉得是可以跟美国对比 < PSS > 跟美国作对 < TPQ > 在美国的 </TPQ > 历史，我们嗯 < FLRP > 没有嗯 < FLRP > 做不到的一件事 < TPQ > 如果我们团结起来 < TPQ > 我们什么都可以做到。

中译语及副语言标注：< PSS > 我们美国都是好人，这是美国 < PSS > 从来没有做不到的事情 < FLRA > 从来没有我们如果团结在一起就做不到的事情。

分析：原语第一句结构完整信息容量较小，美译员在开头出现了较短停顿用以存储信息，同时等待听取后续信息，但此后 a bad bet 的表达给译员造成了一定的理解困难，通过短暂停顿后，采用了反话正译的策略。中译员在开头出现了较短停顿用来等待后续信息，在后续转换中出现了短暂停顿，可能受信息容量或语言结构的影响，译员采用意译翻译策略概括表达。

媒体直播同传是一种很有新意与价值的新闻传播方式，具有跨文化性、大众传媒性、即时性、同步性、受众观感性强等的特征，有望成为国际新闻传播的主要形式之一。研究基于多模态语料库语言学分析法，对口译非流利现象的语言信息层、副语言信息层进行分析研究，全面客观地体现了中美译员非流利现象的特点。

参考文献

[1] SYLVIE, MERCER B M. Ridging the gap: empirical research in simultaneous interpretation [M].

Amsterdam：John Benjamins Publishing Company，1994.

［2］刘剑，陈水平. 基于多模态语料库的同声传译语音拖长现象研究［J］. 中国外语，2020，17（4）：104-111.

［3］齐涛云，杨承淑. 多模态同传语料库的开发与建置——以职业译员英汉双向同传语料库为例［J］. 中国翻译，2020，41（3）：126-135，189.

［4］齐涛云. 从停顿频次特征看职业译员英汉同传的认知过程——基于小型双模态口译语料库的个案研究［J］. 外语与外语教学，2019（5）：135-146，151.

认知翻译学研究综述*

邢月月** 刘红艳***

摘要：认知翻译学的研究强调翻译活动的认知性。其兴起体现了当今翻译研究的革命性及创新型转向，翻译结合认知工具，决定了对认知翻译的研究注定为跨学科及多元的研究指向。认知翻译研究是为翻译过程转向的翻译研究新范式，关注译者的翻译过程，认知翻译学的理论基础，以及认知语言学、认知科学、神经认知科学为翻译研究提供了新的切入点。

关键词：认知；翻译；认知翻译学；跨学科研究

1 前言

对认知翻译研究的理论来源于体验哲学，体验哲学强调个体与外部世界互动而获得的认知感悟体验，强调互动性。而对认知翻译的研究，则体现了认知过程对研究翻译问题，以及探究翻译学问的重要性，由此看来，对翻译的研究不仅涉及对翻译的研究，还涉及对翻译中的认知过程的探索。

---

* 本文为科研团队建设项目（项目号：19005902018）和科研项目（项目号：14ZHB007）的部分研究成果。

** 邢月月，北京工商大学外国语学院硕士研究生，研究方向为翻译研究。

*** 刘红艳，北京外国语大学教授、北京工商大学外国语学院教授，主要研究方向为话语分析、学习者语料库研究、言语障碍研究。

2 认知翻译研究领域的研究内容

翻译认知研究与心理学、语言学等领域的联结十分密切。认知翻译学主要研究的领域有翻译认知过程、语言认知翻译及社会认知翻译，其中对翻译认知过程的研究较多。

2.1 翻译认知过程研究

学界对翻译过程的研究（translation process research，TPR）比较多，对认知翻译学的研究以其为基础。TPR 目前更倾向于实证—实验的研究路径。对翻译认知过程的研究体现在对翻译模式的构建的探讨和从译者角度来研究认知加工。认知翻译学研究基本遵循数据采集—验证的求证模式：眼动实验、键盘记录、有声思维分析法（think-aloud protocols，TAPs）等，还有文本对比分析法和语料库法等，除上述提到的主流研究方法外，也有其他的研究方法，如民族志法等。一些学者对眼动技术作了探讨，大多数学者赞同的观点是在进行翻译过程研究时，需更全面的 TPR 方法，因而研究方法上的多元互证受到很多学者的青睐。基于模拟神经系统而开展的机器翻译应用与研究可以看作对认知与翻译两大方向研究的前进飞跃式发展。新闻写作研究方法也给予翻译过程研究启发[1]对翻译认知过程的研究除了对翻译认知过程模式的探索，还有对译者的认知过程的研究探索、翻译能力的探索等。在翻译过程模式的构建方面，涉及对过程模式构建的认知基础的探索和研究。近来基于连通主义框架的谷歌神经翻译系统（Google Neural Machine Translation，GNMT）也引发了学界的广泛评论。

2.2 语言认知翻译研究

语言认知翻译研究以语言的认知机制为基础，研究译者的认知操作及译者读者对译文接受的认知活动[2]，翻译过程表面是语言之间互相转换的过程，但其背后是更深层次的认知机制作为语言转换的基础，语言的认知行为是非常复杂的，研究语言背后的认知机制有益于翻译过程研究。

2.3 社会认知翻译研究

社会认知翻译研究主要采用民族志、参与观察等研究方法，关注在翻译发生的真实语境下参与者的互动及现代技术工具的使用等问题[2]。社会认知翻译研究可以看作翻译认知研究横向的延伸，研究范围广度的提升。每一条新发现的关于译者和翻译场景的社会学信息都可以作为实验过程研究中的一个（新的）变量[3]，因为认知不仅是大脑中的信息操纵过程，更受社会文化环境的影响，这一点毋庸置疑。

3 认知翻译研究领域新成果及研究趋势

罗选民的《翻译和口译过程跨学科研究》一书，以多学科、多角度进行切入研究认知翻译学。《翻译和认知手册》[4]是第一份涵盖认知科学和翻译学研究的完整的论文集资源。认知翻译学研究已成为新的研究范式。对翻译过程中“译者研究”是翻译研究领域的最新趋势和热点之一，如探讨情感信息对翻译质量的影响[5]和工作压力、焦虑对翻译质量的影响等。又如对翻译研究的术语统一性的探讨，关于创造性在翻译中的作用也不容忽视。[5]总体来看，实证性研究正在成为推动翻译理论建构不容忽视的来源之一[6]。研究者在未来需要在三大方向投入努力，即建构全面的翻译认知理论、创新研究方法和工具、结合过程与产品的研究。[7]

4 结　语

认知翻译学的研究在国内外取得了可观的成绩。其对翻译学科的贡献非常大，多维度的研究视角从根本上拓宽了翻译的研究范围，结合跨学科研究成为新近趋势，对翻译认知领域进行研究有利于翻译学科整体理论及方法论的建设。

参考文献

[1] DOW E M, PERRIN D. Applying a newswriting research approach to translation [J]. International journal of Translation studies, 2013: 79.

[2] 文旭，肖开容. 认知翻译学 [M]. 北京：北京大学出版社，2021.

[3] VANDEPITTE S. Recognizing social aspects of translation [C] //In the handbook of translation and cognition. New York: John Wiley & Sons, Inc., 2017.

[4] GÖPFERICH S . The handbook of translation and cognition [C]. New York: John Wiley & Sons, Inc.

[5] ROJO A. The role of emotions [M] //The handbook of yranslation and cognition. New York: John Wiley & Sons, Inc. , 2017: 369.

[6] 邓志辉. 认知学与翻译学结合的新起点——《翻译与认知》评介 [J]. 中国翻译，2011 (3): 70.

[7] 杨帆，李德凤. 翻译过程的研究方法：问题与展望 [J]. 中国科技翻译，2018，31 (4): 4.

语言学类

中法地名比较研究初探

——以巴黎、北京地名为例

吉　山*

摘要：本文以中法两种语言对地名命名的语言、文化内涵及翻译情况进行对比研究，以北京和巴黎两个城市的建筑地名命名为例。以期对中文与法语两种语言及其所承载的文化认识具有一定的促进作用，对于两种语言作为对外语言教学中的语言文化教学部分具有补充作用。

关键词：地名；对比研究；

1　引　言

每个地名背后都承载着本民族对其语言文化历史的理解与记忆，地名作为历史记录，承载了人类活动的集体记忆。

地名属于语言词汇系统中的专有名词，具有普通名词所不具备的文化内涵。地名学是研究地名的由来、含义、命名规则、历史演变、语言结构和语义及语词间的转译等。它是集地理学、语言学、心理学、人类学等学科于一体的综合性研究[1]。

中法两种语言同属高度发达的语言。中文富于变化，具有很强的释义性；法语严谨，具有很强的思辨性[2]。

法国著名汉学家白乐桑曾说："中国语言文化'走出去'的关键在于'引

* 吉山，北京工商大学外国语学院讲师，主要研究方向为法语语言文学及文化。

进来’，接受对方，拓宽视野，形成镜子效应。”中法两国地名命名的语言文化对比研究可使异质文化互为语境、互为参照、互相照亮。

2 巴黎、北京地名对比研究

外国地名大多是音译，我国地名外译也多为汉语拼音，这无论是对于外国朋友，抑或国人了解“他者”文化都造成一定的障碍并产生情感上的疏离。[3] 对地名文化稍作研究就可以发现，每一个地名都有其含意，我们是否可以尝试从文化的角度对地名解读后再进行翻译呢？笔者在教学实践中，偶然尝试了将两座城市的地名进行对比教学时，收到了学生积极的教学反馈。

例如，位于巴黎市中心的塞纳河上有一座名为 Le pont neuf 的桥，该桥是根据其名字中 Neuf 的含义（新的，形容词）翻译为“新桥”[4]。然而，追寻它的历史，却发现它是塞纳河上最古老的桥，是塞纳河上的第一座石桥，顾名曰“新桥”（Le pont neuf）。同时，因一部名为《新桥恋人》的法国电影，显得更加具有浪漫色彩，引人向往。无独有偶，北京也有很多名为“新桥”的地方，如新桥胡同、北新桥、新桥大街。但在翻译时却被直接用汉语拼音标记，这显然缺失了地名中的文化意义。我们可尝试以 pont neuf 进行命名，探寻两种语言文化间 pont neuf 的文化历史流变之异同。以此获得“他者”文化友人更多的文化认同感，主动探寻我国地名所承载的文化内涵。

除此之外，对地名词源的追溯、对地名流变的考据都可作为两种语言、两种文化间交融的入口。例如，北京内城九门之一的阜成门，“阜城”源于《尚书·周官》“六卿分职，各率其属，以倡九牧，阜成兆民”，其意为朝廷官员以身作则，带动亿万军民具备良好道德，其谆谆教诲之意寓之其内。阜成门也称“惊门”，又有“公正”之意[5]。据此，我们是否可以将其翻译为 Porte de la justice 呢？无论是国人还是“他者”文化的友人，看到意译的地名翻译都会引发思索，无论是本民族对于文化历史的探究，抑或对于中华传统文化的国际传播都具有一定的促进作用。

3 结　语

英国语言学家帕摩尔曾说：“地名的考察是令人神往的语言学研究工作之

一。”对于地名命名的语言文化及翻译对比研究，更易于作为一种学习者乐于接纳的方式。巴黎和北京各是一本历史教科书，构成这两座“迷宫”的每一条大街小巷都用自己的名称向过路人倾诉一段历史。中法两种语言对地名的命名渗透两个国家与民族的独特文化色彩，体现了各自民族的思维模式，对比研究将有助于加强两个民族间的交流与沟通，可从“他者”的角度，让“他者”接受，对于促进我国与讲法语的国家与地区间的交流与融合，构建国家文化软实力具有积极的促进作用，可进一步开拓国际交流的视野与深度，增进文化间的宽容与理解。对中法双语国际传播的国别化研究起到一定的参考作用。

参考文献

[1] VIAL E. Les noms de villes et de villages [M]. Paris: Belin, 2009.
[2] 罗常培. 语言与文化 [M]. 北京. 语文出版社，2017.
[3] 刘美娟. 中西地名命名及文化意蕴比较 [J]. 浙江社会科学，2010 (9).
[4] 王骅. 法国地名的语源及其地理知识透视 [J]. 南京高师学报，1995 (12).
[5] 杨建国. 文化语言学视域下北京地名研究 [M]. 北京. 北京大学出版社，2018.

汉英语言对比方法探讨

王晓庆*

摘要：语言对比是指不同语言间的对比分析。本文从汉英语言对比方法出发，分析了在微观与应用两个方面的研究涉及的两个根本问题，即一是从语法框架出发还是从语言事实出发进行对比研究；二是从汉语出发还是从英语出发进行对比研究。探究了两种方法的优缺点及其适用领域。

关键词：汉英语言；对比方法；语言事实；语法框架

1 引 言

对比法是人类认识世界和观察世界的一种基本方法，也是科学研究的重要手段之一。吕叔湘谈道："一种事物的特点，要跟别的事物比较才能显示。语言也是这样，要认识汉语的特点，就要跟非汉语比较。"[1]王力指出，外语教学"最有效的方法就是中外语言的比较教学"[2]。通过汉英语言对比可以发现汉英两种语言的共性和特性。

2 汉英语言对比的方法

汉英语言对比的应用研究涉及两个根本问题：

---

* 王晓庆，北京工商大学外国语学院讲师，主要研究方向为理论语言学、语言习得。

2.1 从语言事实出发还是从语法框架出发

汉英语言对比的应用研究涉及对语音、词汇、语义、语法、修辞、文体、文化等方面的研究，研究内容复杂且类型多样，各自单独研究会显得杂乱无章，若采用以语法或句法为中心，兼顾其他对比的方法，可以较易发掘汉英语言的组织规律及其与语义表达的关系（二者最基本的差异）；微观方面可至语音和词汇，宏观方面可及语篇与文体；将逻辑、语义、文化、语言心理等因素归纳进去，有助于打通微观与宏观研究的关联。但以不同语言各自的“主观语法”体系相互对照比较，会出现两个弊端，如把一种语法的概念体系套用在另一种语言的语法上，易把名目上相似的概念错误地当作实质上的相似；使得从语法框架进行的汉英对比变成汉语语法对英语语法的比附、对照和印证，淹没了汉语语法的独特性，甚至得出不合实际的结论。

从语言事实出发进行对比研究，能够从两种语言中收集足够多的、在实际中使用的第一手语料，并对这些语言事实进行详尽描写，进而探讨和分析其中所反映的问题。但是，如果只满足于对零散现象进行分析，那么即使分析成千上万个句子，也难以形成对汉语和英语句子系统的认识。

采用语言事实和语法框架相结合的方法（从局部描写到整体解释），即先对语言事实进行充分描写，再将细小的研究发现做进一步的归纳和总结，进而在语法框架层面揭示和解释汉英在表达上存在的一些规律性区别。

2.2 从英语出发还是从汉语出发

讨论汉英对比研究是从英语出发还是从汉语出发，实际上是讨论研究切入的方向（单向）和角度。

遵循“从英语到汉语”方向进行对比，通常是从意义出发，考察一种意思在英语中如何表达，而到汉语表达中又有什么不同之处，从而发现英汉表达间存在何种对等或差异；“从英语出发”立足于英语语法，有助于以汉语为母语的英语学习者从地道的英语事实出发去考察汉英语言的异同，从而有效地学习和掌握英语语法系统，因此多用于英语教学实践。

以汉语出发的对比方法的缺点是容易导致以汉语为母语的英语学习者比况其母语误习英语的不当表达，即不能习得地道的英语。但是，这种“从汉语出发”有利于对外汉语教学，有助于以英语为母语或媒介语的学习者学习汉语。

3 结 语

汉英语言对比，能促进语言本体研究，对外语教学有着重要的指导意义。通过对汉英语言对比在应用方面的研究涉及的两个根本问题，可以进一步理清思路，进而明确对比方法，能够更加有效地进行汉英对比研究和汉英语言对比的实践应用。

参考文献

[1] 吕叔湘. 通过比较研究语法 [J]. 语言教学与研究，1992（2）：4-18.
[2] 王力. 中国现代汉语 [M]. 北京：商务印书馆，1985.

生态话语分析下的化妆品广告

——以一则 La Mer 广告为例

范惠璇*

摘要：生态语言学诞生于全球环境污染恶化的大背景之下，生态话语分析作为其重要研究领域之一，重在分析语言使用与生态环境之间的关系。本文以一则海蓝之谜（La Mer）化妆品品牌广告为语料进行生态话语批评分析，以期提升消费者甄别能力并增强环保意识。

关键词：生态语言学；生态话语分析；化妆品广告

1 生态语言学

生态语言学（eco-linguistics）作为生态学与语言学组成的一门交叉学科，以研究“特定语言与环境之间的相互作用”为宗旨[1]，在语言研究中，运用生物学相关理论、方法和原理。由于特定语言的特征及发展过程，受社会与自然环境的双重影响，它强调研究语言需密切结合环境。

生态语言学诞生于20世纪90年代，作为一门新兴学科，其研究领域广泛，总体可归为由语言学家埃·豪根（Einar Haugen）和韩礼德所建立的两个主要研究范围：一是将语言环境与生物生态环境进行类比，如同生物物种与自然生态环境之间的依存关系，语言也是在社会生态环境中产生、发展与变化，该领域主要涉及语言多样性、弱势语言与濒危语言的保护和语言的演变等相关

* 范惠璇，北京工商大学外国语学院讲师，主要研究方向为外国语言学及应用语言学。

议题；二是研究语言使用在生态环境问题中，所产生的影响和发挥的作用，并认为语言改善对环境保护起到一定的积极作用[2]，相关研究议题包括生态语法和绿色语法的构建、语言系统和语言运用的变革等。本文主要从话语分析角度出发，分析化妆品广告语对环境问题和消费者环境意识产生的影响。

2 实例分析

原文：

La Mer

Crèmede la Mer

The La Mer moisturizer that started it all. This luxuriously rich cream immerses skin in deep, soothing moisture, helping heal dryness. Skin feels firmer, looks healthier, visibly renewed. Lines and wrinkles are visibly softened. Unlock the power of a radiant transformation, day and night. Ideal for drier skin.

翻译为：海蓝之谜经典精华面霜，焕变能量，由此开启。奢华丰盈质地，浸润肌肤，舒缓干燥。肌肤愈发平滑紧致，焕然一新。淡化岁月痕迹，解锁焕新能量。适合干性肌肤。

该广告语中使用了评判词：luxuriously rich（奢华丰盈）来强调产品“定位高端，功效高级”的性质，迎合了消费者心理；在描述功效时，巧妙地运用了 firmer（紧致的）、healthier（健康的）和 renewed（焕然一新），营造出“拥有健康光滑肤质”的语言效果，而实际上却并未表明该功效能达到何种程度。此外，在介绍产品关键成分时，有如下表述：

原文：

Key Ingredients：Miracle Broth

In the pristine waters off Vancouver Island, we hand-harvest the kelp in an effort to help support its sustainability for generations to come. Giant Sea Kelp is at the heart of the Miracle Broth. At the heart of every La Mer product today, Miracle Broth is as essential to Crème de la Mer as the sea itself.

翻译为：源自温哥华岛纯净海域的深海海藻，被精心手工采撷以确保其未来可持续开发性。深海巨藻是神奇活性精萃的灵魂。精萃融于每一件海蓝之谜产品中，与海洋一样皆为品牌灵魂。

在描述成分时，通过引用 Vancouver Island（温哥华岛）、Giant Sea Kelp（深海巨藻）等地理名词，这些词语传达了产品“纯天然”的特性，同时使用 hand-harvest（手工采撷）强调其原材料采集过程的“环境友好”，并以提取物 Miracle Broth（神奇活性精萃）为桥梁，将该产品 与 the sea（海洋）相关联，进一步打造“绿色、天然、无污染”的产品形象。然而，对其提炼过程、成分分析和科学原理却并未提及。经此话语分析，该产品的真实功效及制作过程是否无污染，实则存疑。

3 结 语

近年来，随着消费者环保意识的提高，越来越多的化妆品广告以“绿色天然”为卖点进行推销宣传。而生态话语分析正是揭开广告语中这层环保“语言外衣”的手段之一，希望以此提升消费者思辨能力，并启发人们关于“语言运用和缓解生态环境问题”之间关系的深层思考。

参考文献

[1] 刘润清. 西方语言学流派［M］. 北京：外语教学与研究出版社，1999.
[2] 范俊军. 生态语言学研究评述［J］. 外语教学与研究，2005（2）：110 – 115.

电视新闻的多模态对比分析

——以中美“悬崖村”报道为例

富海燕[*]　杨增成[**]

摘要：脱贫攻坚是我国“十三五”期间的重要任务，电视新闻是对其宣传报道的重要途径之一。本研究结合视觉语法及听觉符号的语义资源理论，对比分析了中国中央电视台新闻频道 CCTV－13 和美国有线电视新闻网（Cable News Network，CNN）关于悬崖村的报道，探讨了二者在模态选用、受众距离和叙事策略等方面的差异，以期为新闻报道讲好中国故事提供借鉴。

关键词：多模态；电视新闻；对比分析；叙事策略；受众距离

1　引　言

当今时代，信息技术的不断发展催生了新的传播技术，人们传递意义越来越多地借助多种模态的共同呈现。电视新闻突破了传统平面媒体的图文模态，利用图像、声音、文字、动画等多种模态共同达到信息传播的目的。作为一种播报事件、生产意义的视觉化语言，当前电视新闻受到人们的关注与研究还较少[1]。

悬崖村是我国脱贫攻坚中广受关注的贫困村。本研究结合视觉语法及听觉

---

* 富海燕，北京工商大学外国语学院国际法商英语专业硕士研究生，研究方向为法商话语研究，多模态语篇分析。

** 杨增成，北京工商大学外国语学院副教授，主要研究方向为功能语言学、多模态语篇分析。

符号的语义资源理论，对比分析了 CCTV－13 和 CNN 关于悬崖村的报道，探讨了二者在模态选用、叙事策略及观众距离等方面的差异。

2 理论发展及语料分析

克瑞斯（Kress）和范勒文（van Leeuwen）将意义的解读由语言延伸至图像符号，创立了解读图像意义的视觉语法，为多模态语篇研究奠定了基础。根据视觉语法，图像元素通过距离、视角等方面构建与读者之间的亲疏关系，与读者建立特定联系[2,3]。此外，范勒文发现，与图像的表意方式一样，听觉符号也具有表达“视角”和“社会距离”的人际语义系统[3]。

电视新闻语篇的多模态特征比较明显。针对同一新闻事件，选取不同模态进行报道，信息传递的效果也有所不同。该研究所选取的两则新闻报道中，拍摄视角、模态运用及叙事风格是研究的重点。以下是两则新闻部分截图（见图 1～图 4）。

图 1 CCTV－13 报道截图一

图 2 CCTV－13 报道截图二

图 3　CNN 报道截图一

图 4　CNN 报道截图二

2.1　受众距离

在 CCTV－13 的报道中，包含 6 个远景镜头，3 个中景镜头和 6 个近景镜头，运用不同的视角进行切换报道。图 1 通过画面中央钢钉固定在石头这一特写镜头，凸显钢梯钉子的稳固性和安全性。从图 1 和图 2 中可以看出，近景镜头与观众建立了较为亲密的关系，邀请观众近距离观察画面信息，增强了观众的参与感和体验感。CNN 的新闻截图皆为远景镜头，以图 3 和图 4 为例，CNN 的新闻远距离呈现悬崖村的地貌特征，观众以一种旁观者的身份接收新闻信息，参与程度较小。且三分之二的远景镜头配合俯视角度，从高空拍摄悬崖村的地势环境，进一步拉开与观众的社会距离。

2.2　声音模态

范勒文[4]发现，如图像通过光影对比、视角、色彩等元素体现情态，听觉符号也具有表达“视角”和“社会距离”的语义系统。声音“视角”分为三种类型，分别是角色音（figure）、背景音（ground）和场景音（field），三种声音和听者的关注度呈递减趋势。对于新闻报道来说，音乐有时是背景音，播音员的声音或新闻中人物的对话是角色音，受到干扰的嘈杂音则是场景音。在特殊情况下，说话声成为背景，而嘈杂声更能引起听者的关注。

CCTV－13 的新闻有三个声音来源，分别是播音员解说、记者与当地书记的对话及新闻配音，均属于角色音。角色音容易引起观众的关注度，无论是播音员的解说，还是记者的采访对话，都给人平易近人的感觉，拉近了新闻与观众之间的距离。在对话之后，出现了一系列对藤梯和新修建钢梯的配音介绍，犹如同观众对话。配音与新闻图像和新闻字幕也构成模态间的强化效果。CNN 的声音来源只有背景音乐，背景音由音色空旷的打击乐和钢琴音合成。相比于 CCTV－13 的三种角色音，CNN 的背景音对于观众的吸引程度较低，传递的信息较少。在声音饱和度上，CNN 的背景音较为低沉，感官情态较低，不易引起观众的共鸣。

2.3　叙事风格

CCTV－13 的新闻报道兼具长镜头与中近镜头，从多个角度展现悬崖村的变化。新闻由“藤梯变钢梯”切入，首先是播音员介绍悬崖村的地理位置和扶贫情况，随后是记者和当地书记的对话，最后对比人们攀爬藤梯山路的艰辛和钢梯带来的便捷。新闻围绕悬崖村路的变化展开，运用图像、多种角色音和字幕等模态，让观众从细微之处了解悬崖村，感受悬崖村的生活气息。CNN 的新闻是连续的动态场景切换，每个场景间隔 2～4 秒，主要运用远镜头呈现悬崖村的地理特征及村落特征。画面首先呈现大凉山的高海拔云雾，接着呈现悬崖村位于高山的地理位置，配文为 life in the clouds（云端的生活）。之后的钢梯、村落房屋和村民搬家的场景依次展开，空旷的背景音增加了新闻与观众之间的距离感。CNN 新闻传递的信息量较少，主要突出悬崖村险峻的地理特征及搬家场景，没有近距离展现悬崖村的生活。

3　结　论

对比分析 CCTV－13 和 CNN 关于悬崖村的报道，可以获得以下结论。首先，模态的多样性及模态间的互补有助于传达语篇意义。CCTV－13 的报道中，不同的角色音容易引起观众的关注度，拉近与观众之间的距离；而 CNN 单一的背景音音色空旷，感官情态较低，不易引起观众的共鸣。CCTV－13 的角色音（如配音和采访对话）与图像和字幕形成互补的强化效果，观众可以从视觉和听觉上，接收更全面的信息。此外，视角的切换传递不同的社会关系，宏观与微观视角的表意效果各不相同。CCTV－13 的近景镜头较多，与观众构建了亲密的社会关系，观众可以从细微之处了解悬崖村；CNN 的新闻以远景俯视镜头为主，配合空旷的背景音更易拉开与观众之间的距离，观众的参与程度大大降低。

参考文献

[1] MACHIN D，POLZER L. Visual journalism［M］. London：Palgrave Macmillan，2015.

[2] KRESS G，VAN LEEUWEN T. Reading images：the grammar of visual design［M］. London：Routledge，1996.

[3] KRESS G，VAN LEEUWEN T. Reading images：the grammar of visual design［M］. 2th ed. London：Rouledge，2006.

[4] VAN LEEUWEN T. Speech，music，sound［M］. London：Macmillan Press Ltd.，1999.

老年人相关新闻报道中情态表达研究综述*

李妍聪** 刘红艳***

摘要：在当前的社会治理和发展过程中，新闻媒体具有不可忽视的重要地位。而老年人作为弱势群体是媒体重点关注的对象，本文通过回顾与老年人相关的新闻报道中的情态表达的相关研究内容，梳理现有研究的不足之处，并对该领域研究未来的发展进行展望。

关键词：新闻报道；老年人；情态

1 引 言

一般认为，新闻话语是一种独白型语篇，体现了话语权利资源的不对称分布[1]。而情态（modality）包含一种介于是非之间的含义，常常在新闻报道中引起语言研究者的注意。新闻话语作为一种宣传性的政治话语，说话人常利用情态的手段传递在其隐含的意识形态。因此，对新闻话语中的情态表达进行分析研究，可管窥话语主体的立场、环境因素制约及态度倾向。对于老年人这一特殊群体，学界多从医学、法学角度进行研究，从新闻视角关注的研究并不丰

---

* 本文为国家社科基金资助项目“基于多模态语料库的正常老年人和老年阿尔茨海默病患者语言蚀失及大脑机制对比研究”（项目号：19BYY080）的部分研究成果。

** 李妍聪，北京工商大学外国语学院国际法商英语专业硕士研究生，主要研究方向为话语研究。

*** 刘红艳，北京外国语大学教授，北京工商大学外国语学院教授，主要研究方向为话语分析、学习者语料库研究、言语障碍研究。

富，而使用话语分析方法分析相关语料的研究更是寥寥，下文将对目前研究现状进行总结。

2 与老年人相关的新闻报道中的情态表达研究现状

目前在新闻视角下的老年人的相关研究主要有两类，一类是对老年人的媒介形象进行分析，如对国内十年间三家纸质媒介中与老年人相关的新闻报道进行分析，探求媒体对老年人形象建构及背后的社会问题的报道[2]，媒体如对于老年人的负面形象塑造过多可能使受众形成“无用”“需要同情”的刻板印象[3]；另一类是新闻报道应从主动适应老年人需求、更好地保护老年人权益的角度出发[4]，如多增设科普板块，尊重老年人的自我决定权等。

情态表达可以体现话语主体的情感倾向、立场和态度，而与本领域相关的新闻研究尚未得到语言学界的足够关注，现有新闻话语的情态表达研究或可提供参考。目前这一领域研究多集中在报刊新闻且主要为对比研究，即针对同一事件的报道，选择不同报刊来源的新闻进行分析。这类研究一种为选取同一国家的不同媒体来源的新闻进行分析，如《卫报》与《华盛顿邮报》在报道特朗普当选美国总统的新闻语篇中，《华盛顿邮报》中的情态出现频率明显高于《卫报》，体现了报道者对事件的干预倾向[5]。另外，也有选取不同国家的媒体来源的新闻报道进行的研究，探求不同立场所表达新闻内容的差异，如分析中美两国媒体在报道贸易战时使用情态资源上的异同，《中国日报》和《华盛顿邮报》中的高量值和低量值情态表达分布完全相反，体现中方媒体更愿意承担话语责任[6]。

3 与老年人相关的新闻报道中的情态表达研究的不足与发展建议

首先，从总体来看，新闻话语的现有研究与当前新闻报道的覆盖类别不相适应，研究关注的主题也集中在外交、政治层面，对于老年人这一特定人群，以及特定行业（如法律）的新闻话语研究尚存研究空间；其次，当前研究多集中于对新闻话语中情态助动词使用异同进行分析，体现情态意义的其他表达亦应得到关注。早在 1988 年国外学者霍姆斯（Holmes）便运用语料库进行统计分析，诸如 appear（出现）、insist（坚持）一类的实义动词和 certainly（当然）、in no doubt（毫无疑问）等副词类表达也是体现情态意义的表达[7]。最后，当前研究选择的新闻话语形式落后于新闻媒体的行业发展。如今短视频等社交媒体地位不容忽视，其用户群体中不乏老年人，这些新型网络媒体形式主体类别更加丰富，其呈现的新闻话语情态倾向更为自由且多样，值得学界探讨研究。

4 结 语

随着社会老龄化进程加剧及老年语言学的发展，学界应更加关注老年人这一群体相关话语，开拓研究思路，将社会语言学、认知语用学、传播学等领域的研究方法与传统语言研究结合，为新时代的新闻话语研究做出贡献。

参考文献

[1] 李曙光．新闻语篇对话性初探——情态语言资源视角［J］．外语与外语教学，2006（6）：60－63.

[2] 张明言．当代中国老年人的报纸媒介形象研究［D］．北京：北京交通大学，2017.

刘旺余．英语新闻的批评性语篇分析：理论评述和实例分析［J］．河南社会科学，2006（4）：176－178.

[3] 袁冰冰，孔娜．框架理论下老年人的媒介形象研究——以《新民晚报》为例［J］．今传媒，2017，25（2）：56－57.

[4] 王琳．新闻报道与老年人权益保护［J］．新闻传播，2019（2）：6－7.

[5] 张德禄，郝兴刚．同题新闻评论文体对比研究［J］．外语教学，2020，41（2）：1－7.

[6] 吴素贞．中美贸易摩擦新闻的态比较分析［D］．南京：南京师范大学，2020.

[7] JANET H. Doubt and certainty in ESL textbooks［J］．Applied linguistics，1988，9（1）：21－44.

多模态视角下理财广告的女性形象构建*

——以《简的成长》为例

李妍聪** 刘红艳***

摘要：近年来，针对视频语篇的多模态话语分析得到学界关注，以克瑞斯（Kress）和范勒文（van Leeuwen）的视觉语法理论为主，探究一则女性理财广告中，视觉模态的作用及效果，以及本广告片对女性形象的塑造。

关键词：多模态话语分析；视觉语法；视频广告

1 引 言

在各种多模态话语研究中，广告语篇是最显著地运用多种符号建构意义的话语载体[1]。随着互联网技术高速发展，加之广告投放平台的多样性，广告的影响力大大增加。视频广告中的人物形象呈现对社会上性别观念的传播起到一定作用，因而针对广告视频语篇的分析和讨论具备一定的研究意义。

2 广告中的视觉模态分析

本文聚焦视频广告中最主要的模态——视觉模态，运用视觉语法理论框架

---

* 本文为科研团队建设项目（项目号：19005902018）和科研项目（项目号：14ZHB007）的部分研究成果。

** 李妍聪，北京工商大学外国语学院硕士研究生，研究方向为话语研究。

*** 刘红艳，北京外国语大学教授，北京工商大学外国语学院教授，主要研究方向为话语分析、学习者语料库研究、言语障碍研究。

进行分析。德德玛（Iedema）[2]、鲍卡林娜（Baldry）和蒂博（Thibault）[3]对分析层次的划分中提道，镜头是指一段连续不中断的静止画面；场景是指用两个或两个以上的镜头表现一个地点、一段时间内进行的一组连续表演。故本文基于视频一般分析单位镜头（shot），通过对视频中出现的20个场景进行分析，探究其在视觉层面对广告中女性形象的构建和意义。

本文所选的多模态视频语篇总时长为2分30秒。影片以主人公简从小到大的经历为主线，基于20个场景的变化提示可以将本作品分为6个阶段（见表1）。

表1　场景列示

阶段一：儿时被无视和“宠爱”教育（场景1~3）	阶段四：丈夫去世，面对财产无法厘清（场景13~15）
阶段二：成长中接受“购物疗愈”（场景4~7）	阶段五：画面倒放，重新选择（场景16~19）
阶段三：婚后依靠丈夫，被外界无视（场景8~12）	阶段六：广告文字：出品方和网站链接

正是这些丰富的场景和人物构成的画面，为塑造简的形象起到极大的作用，接下来将基于视觉语法理论框架，从构图意义、再现意义和互动意义三个方面对本片的视觉模态进行分析。

首先，从构图意义角度看，纵观本片简的形象大部分处于画面的正中央，且多为上半身和特写镜头，如阶段三中，被餐厅侍者、房产销售和维修工所无视时，低头面露尴尬；阶段四中，丈夫去世的悲伤和面对财产问题的无措绝望。正是将简放置在画面中心的设计，观众得以清楚地看到简经历各种事件时的表情变化，也表明本片着重突出和强调简的形象的意图。

其次，从再现意义来看，本片是一部叙事性的视频作品，通过再现主人公简从小到大的经历的各个场景塑造简的形象。该片包含叙事再现所要求的行动过程、反应过程、言语过程和心理过程，也有少量概念再现的存在，如广告语文字 When we tell girls they're bad with money, they grow up believing it.（当我们从小就告诉女孩们：她们不善理财，等她们长大后就会对此深信不疑。）的出现。矢量（vector）是区分叙事再现和概念再现的依据，常表现为目光、手势等形成的箭头，阶段一中，女孩向教师投向期待的目光想要回答问题；阶段二中，与母亲和朋友对视享受“购物疗愈”；阶段四中，与绝望地看向银行投资经理。以上场景中的矢量再现了女性在生活中遇到的种种窘境。

最后，互动意义通过“接触”“距离”和“视角”三个层面体现。就“接触”而言，当图像中的表征参与者直视观看者时，表征对象即与观看者接触，纵观全片简并没有直视镜头的画面，也就是说本片中没有“接触”，只是提供信息给观者；“距离”可以通过表征参与者的框架大小来构建其与观看者之间的关系，本片中大量出现特写镜头，主人公简与他人同在一个画面时，通过对他人的虚化模糊处理来凸显简细微的人物变化。此类强烈、清晰的视觉形象呈现，使观众强迫性地接收信息。而就“视角”而言，全片拍摄简的镜头多为正侧脸或侧脸，根据倾斜的水平角度，暗示观看者“不属于图像世界”的解释，可以看出本片试图将观众从简所处情境中抽离开，以更全面客观的视角看待本作品，这也与前文分析简时，没有直视镜头、主动和观众对视的安排相呼应。

3 结 语

本文基于多模态视频语篇的分析方法对《简的成长》这一女性理财广告进行了分析，通过对其视觉模态的分解和讨论，探究了该广告片中，女性形象的构建。而运用多模态手段对广告语篇进行分析，可为广告出品方提供参考，根据各个模态的作用改进设计，针对目标客户打造广告中特定人物形象，最大限度增强广告的宣传效果。

参考文献

[1] 钱亚萍．商业广告的多模态话语分析——以聚美优品“我为自己代言”广告为例[J]．学理论，2014（36）：146－147.

[2] IEDEMA R. Analysing film and television：a social semiotic account of “Hospital：an Unhealthy Business” [J]. Handbook of visual analysis london thousand oaks，2001.

[3] BALDRY A，THIBAULT P J. Multimodal transcription and text analysis [J]. Equinox publishing，2006.

基于语料库的老年人法律法规文本立场标记语研究视角*

程俊玲** 刘红艳***

摘要： 近年来，立场虽为国内外语言学界研究的热点，但学者对立场的定义并不统一，并且提出了不同的研究理论框架。本文在对立场标记语进行相关梳理后发现，国内外从立场角度的研究成果丰硕。且从现有文献资料中并未发现从历时角度针对老年人法律文本进行相关研究。

关键词： 立场；立场标记语；法律法规

我国自1999年起，已进入老龄化社会。社会对老年人的关注程度在不断增加，而国内现在有的与老年人相关的法律法规的研究主要是从法律角度出发。在现有文献中，未见从立场标记角度对与老年人相关的法律法规进行的研究，本文选择从语言学视角对其进行研究，以期扩宽这一领域的研究视角。

1 语料库语言学

语料库语言学是依照语言学研究需求，运用计算机对语言文本进行检索并统计，来揭示语言背后的功能及意义。对于法律语料库，当前主要以绍兴文理

* 本文为国家社科基金资助项目"基于多模态语料库的正常老年人和老年阿尔茨海默症患者语言蚀失及大脑机制对比研究"（项目号：19BYY080）的部分研究成果。

** 程俊玲，北京工商大学外国语学院硕士研究生，研究方向为话语研究。

*** 刘红艳，北京外国语大学教授，北京工商大学外国语学院教授，主要研究方向为话语分析、学习者语料库研究、言语障碍研究。

学院建设的“中国法律法规汉英平行语料库”为主，该语料库已于2010年上线并使用，但该语料库中包含与老年人相关的法律文本的数量极少。

2 立场研究的语料库语言学视角

“立场”这个概念最早是由毕伯（Biber）和法恩根（Finegan）提出[1]。毕伯等人和海兰（Hyland）还分别发展了立场研究理论。国内学者则借鉴国外的理论研究，如徐宏亮从语言的功能角度进行分类[2]。龙满英、许家金则在毕伯的分类基础上增加了义务型立场标记语[3]。国外学者跨学科的对比研究居多，如海兰对比分析了240篇论文[4]；海兰和江（Jiang）还开展了立场标记语的历时研究[5]，国内学者钟兰凤和郭晨露关注了特定学科中的外对比研究[6]。

3 老年人法律研究

以“老年人法律”为搜索词在知网搜索发现，与老年人相关的法律方面的文章数量在不断增加，说明越来越多的学者开始关注老年人。其中，研究最多的集中在权益/权利、婚姻和法律三个方面。但通过对搜到的文章进行分类统计后发现，在发表的与老年人相关的法律法规的文章中，大部分是从法律视角对老年人进行研究。从现有文献中，笔者未见到有从立场标记视角对其进行相关研究。

4 结 语

自立场概念提出就成为研究热点，其中立场理论最杰出的代表则是毕伯和法恩根。虽国内外在立场方面的研究成果丰硕，但研究内容多是不同学科间的对比，研究对象比较单一。而国内对老年人法律法规政策的研究注重法律或制度体系，鲜有学者从语言学研究角度对老年人法律法规政策的立场标记语展开研究。针对老年人法律法规文本中的主题认知、态度、情感等进行深入挖掘，借助语料库研究视角，可帮助我们把握我国老年人法律法规政策导向和历时变化，为政府科学制定相关政策提供支持。

参考文献

[1] BIBER D, FINEGAN E. Adverbial stance types in english [J]. Discourse process, 1988, 11: 1 -34.

[2] 徐宏亮. 学术语篇中的作者立场标记语研究 [M]. 合肥: 合肥工业大学出版社, 2007.

[3] 龙满英, 许家金. 大学生英汉同题议论文中立场标记的对比研究 [J]. 外语与外语教学, 2010 (3): 21 -24.

[4] HYLAND K. Stance and engagement: a model of interaction in academic discourse [J]. Discourse studies, 2005, 7 (2): 173 -192.

[5] HYLAND K, JIANG F. Change of attitude? a diachronic study of stance [J]. Written communication, 2016, 33 (3): 251 -274.

[6] 钟兰凤, 郭晨露. 化学学科学生作者立场标记语使用能力研究 [J]. 外语研究, 2020, 37 (1): 62 -66.

北京市老龄人群语言认知能力评测体系初探*

刘红艳**

摘要：北京市人口老龄化程度居全国第二位，“未富先老”和“未备先老”的特征日益凸显。患语言认知障碍疾病的老年群体数目不断增加，严重影响老年人的生活质量。对于老龄群体的语言认知评测，目前国内主要采用国际主流的认知能力评定量表及筛查量表，我认为这样的测评方式，不能全面评估老年人群的语用能力。本文建议从语音词汇句法能力、理解能力和表达能力、性格情绪、认知记忆能力、语用交往能力等多元指标构建北京市社区街道老年人口语言认知健康评测指标体系。

关键词：北京市老龄人群；言语障碍；语言认知能力评测体系

1 引言

北京市老龄办发布《北京市老龄事业发展和养老体系建设白皮书(2017)》显示，全市60岁及以上户籍老年人口占户籍总人口的24.5%，老龄化程度居全国第二位。《国家积极应对人口老龄化中长期规划》指出，人口老龄化是社会发展的重要趋势，也是今后较长一段时期我国的基本国情。“十四五”规划和2035年远景目标纲要提出，实施积极应对人口老龄化国家战略。

---

* 本文为国家社科基金资助项目“基于多模态语料库的正常老年人和老年阿尔茨海默症患者语言蚀失及大脑机制对比研究”（项目号：19BYY080）的部分研究成果。

** 刘红艳，北京外国语大学教授、北京工商大学外国语学院教授，主要研究方向为话语分析、学习者语料库研究、言语障碍研究。

由于人口老龄化超前于现代化，“未富先老”和“未备先老”的特征日益凸显，老年人面临诸多问题和困难。目前，北京市各街道社区所做的老龄关怀工作主要表现在老龄人口统计、关注空巢老人和五保老人状况、定期寻访慰问；完善社区老年文化设施和组织各种老年活动等方面，对老年人语言认知健康状况和生活质量的追踪仍未涉及。

2 老年语言认知能力评估

老年语言现象分为两个方面，一个是个体；另一个是人群。个体老年语言现象指个体进入老年后的语言能力及其使用情况。人群老年语言现象指同一出生年龄段人群或世代间的语言能力及其使用情况[1]。语言认知障碍是困扰老年人个体和老龄群体健康和生活质量的突出问题，阿尔茨海默病和失语症是常见的老年语言认知障碍疾病，患病程度不同的患者的言语能力损伤程度[2]，以及在语音—音系层、句法—语法层、篇章—语用层表现不同程度的言语障碍[3]。

目前对老龄群体的语言认知评测，主要采用国际主流的认知能力评定量表及筛查量表，如简明精神状态量表简明精神状态量表（mini-mental state examination，MMSE）、阿尔茨海默病评估量表（alzheimer's disease assessment scale，ADAS-cog）、蒙特利尔认知评估量表（montreal cognitive assessment，MoCAB）、波士顿命名测试（Boston Naming Test，BNT）、西方失语成套测验（western aphasia battery，WAB）和汉语失语成套测验（aphasia battery of Chinese，ABC）[4]等。为了应对老龄人群对生命质量的多元需求，在以“疾病”为中心的传统的医学评估的基础上的老年评估应运而生，其内容包括对老年人的一般医疗评估、躯体功能评估、认知和心理学评估、社会环境评估等[5]。

3 北京市老龄人群语言认知能力评测体系构建

以上量表和评估手段虽然涉及语言维度的评估，如 BNT 的语义命名测试、WAB 和 ABC 对患者语音能力、命名能力、词汇句法能力、复述、语言理解力等方面的测试。然而，语言维度评估所占比例相对较低，在临床使用中，多数人选择部分典型的言语能力进行评估。这样的评估方式不足以反映老龄人群言语能力的全貌。以阿尔茨海默病患者为例，研究表明，阿尔茨海默病患者基本的音位和句法能力得以保留，主要表现为交际语用障碍[3]。目前的测试评估量表并不能全面评估老年人群的语用能力，不利于设计针对性强的老年语言认知干预方法[6]。

北京市各街道社区的老龄群体数量庞大，老年人群的语言认知健康不仅对老年人自身及家庭至关重要，也关系到北京市“四个中心”（即全国政治中心、文化中心、国际交往中心、科技创新中心，要求努力把北京建设成为国际一流的和谐宜居之都）城市战略定位的建设成效。北京市致力于“国际交往中心”的建设，占据北京市民四分之一的老龄群体的语言认知能力及外语语言能力建设不可或缺。北京老龄人群曾经工作在生产一线，为北京市经济社会发展做出过重大贡献，他们是为后代创造了物质财富和精神财富的社会建设者。而今，他们逐渐衰老，退居“二线”，政府和社会应该给予他们相应的关注。老年群体的语言认知健康状况、生活质量成为街道社区建设发展中的一个重要方面。对于北京市老龄群体的语言认知评测可以为社会养老保障决策的制定提供重要数据支持。

北京市老龄人群语言认知能力评测体系的构建应基于国内外较公认、有一定信度和效度的评估量表，结合北京市老年人实际，从语言和认知两大方面、五大维度（语音词汇句法能力、理解和表达能力、性格情绪、认知记忆能力、语用交往能力）进行编制，从多个指标构建北京市社区街道老年人口语言认知健康评测指标体系。语言认知能力评测体系的构建，需要基于大规模的语料采集和语料库标注统计数据，经过大规模的评测实践，客观提取针对不同语言认知障碍老年人群的最具代表性的言语障碍特征，不断提升和优化评测方案。在大数据统计基础上，致力于北京市老龄人群语言认知能力测试和相关语言认知障碍病症的早期发现、干预和康复治疗[7]。

4 结 语

针对老龄人群体工作是一个庞大的系统工程，是构建和谐社会的重要组成部分。北京市老龄人群语言认知能力评测体系的构建，应更好地应对老龄化国家战略的需求，打造高质量的语言认知能力评测体系和产品供给体系。通过体系构建，致力于为北京市街道社区老年人口建立健康档案，在语言认知健康评测的基础上，对老年人健康状况进行分类。对于需要特别关注的老龄群体采取相应措施，对其生活质量的提高给予专业咨询和建议。

参考文献

[1] 顾曰国．老年语言学发端［J］．语言战略研究，2019（5）：12－33.

[2] TEMPINI M L G，DRONKERS N F，RANKIN K P，et al. Cognition and anatomy in three variants of primary progressive aphasia［J］．Annals of neurology，2004，55（3）：335－346.

[3] LAI Y H，PAI H H，LIN Y T. To be semantically-impaired or to be syntactically-impaired：linguistic patterns in Chinese-speaking persons with or without dementia［J］．Journal of neurolinguistics，2009，22（5）：465－475.

[4] DUBOIS B，FELDMAN H H，JACOVA C. et al. Research criteria for the diagnosis of alzheimer's disease：revising the NINCDS-ADRDA criteria［J］．The lancet neurology，2007，6（8）：734－746.

[5] 宋岳涛．老年医学的核心技术——老年综合评估［J］．现代医生，2012，50（23）：9－11.

[6] 刘红艳．基于语料库的老年性痴呆患者找词困难研究［J］．解放军外国语学院学报，2014（1），42－52.

[7] 刘红艳．阿尔茨海默症患者语言障碍研究现状和进展——基于病理语言学的实验研究综述［J］．外语电化教学，2020（5）：72－78.

文学类

从平庸中见人性

——浅谈 *the Armchair Traveller* 一文中的文学性

邱国红*

摘要： 文学作品对于人物性格的刻画，反映了人性，更反映了人生。分析和品读大学英语教材中的文学作品，对于了解人生，启迪和拓宽大学生的思维，引导他们追求更有价值的人生意义重大。

关键词： 大学英语；平庸；个性；人性；启迪

一部文学作品之所以耐人寻味，离不开作家对作品人物的生动刻画。作家用艺术性的手法，透过对朴素生活的描写和人物多面性的刻画，表达了作家对于当下生活的感触，揭示的复杂人性使读者感悟人生，提升对生活和自我的认知。因此，对作品人物的人性分析和研究，对研究文学作品，进而启迪人生有重要的意义[1]。

笔者在大学英语的教学中遇到一篇文章 *The Armchair Traveller*（《扶手椅上的旅行者》），本文的作者不惜笔墨描写了一个平庸的人和一个不足为奇的生活片段，却让我们洞察了人物的心理和人性。这些感悟对于仍处于求学阶段、喜欢思考人生，并正在建立自己世界观和价值观的大学生来说，有一定的启示作用。

文章的主人公乔治独自住在伦敦南部的一所公寓里，他之所以逃遁到此，是因为他厌倦了过去生活中的一切：周围人的愚蠢和丑陋的建筑让他感到无所适从。他独处的日子是闲暇自如的，不错的经济状况使他不用为了生计而到处

---

* 邱国红，北京工商大学外国语学院副教授，主要研究方向为英美文学方向。

奔波。他每天最大的爱好就是坐在那把古老、温暖又舒适的扶手椅里，穿着睡袍，读着文学名著。虽然他个性愤世嫉俗、多疑又悲观，但却尤喜阅读旅游类的经典书籍。这个爱好给他灰暗的个性和平庸的生活增添了一丝浪漫，虽然足不出户，但他却可以神游徜徉到世界上任何一个他向往的地方。

一天早晨，他读到法国作家马塞尔·帕尼奥尔的一本关于法国南部著名的旅游胜地普罗旺斯的游记。文中描写的阿尔卑斯山的低矮丘陵和蔚蓝的地中海令人神往，而马塞尔·帕尼奥尔笔下的普罗旺斯是个农耕地区，民风保守偏狭，充满了对陌生人的不信任。然而，透过其他作家的游记，乔治同时也感受到普罗旺斯的另一面，一种难以抵挡的时尚魅力：那是众多著名艺术家、文学家和演员的家园，激发了他们无尽的灵感；圣特罗佩的沙滩、戛纳的电影节、格拉斯的饭店和尼斯的酒店，无一不散发出迷幻炫目的光彩。

普罗旺斯的两面性和奇异的魅力拨动了乔治平静封闭的心灵，他按捺不住巨大的好奇，打算亲自体验并验证一下这种魅力。他急切地赶到旅行社，经过匆匆的讨论，他吃惊地发现去往这个梦想之地竟然如此不费吹灰之力：坐火车仅 6 小时的路程。激动难耐的他随即赶到火车站、购票并预订了座位。因为时间尚早，他来到车站旁的一家法国餐厅，选了窗边的一个座位坐下来。这家法国餐厅充满了地中海风情，新鲜的鱼、奶酪、美酒和鲜艳的时蔬，让他品尝到了只有在里昂才能吃到的地道的法国美食。

这一切都那么美好，只是此时多疑和悲观的乔治却忽然感到疲惫：与其说是饱食美餐后的疲劳，倒不如说是即将到来的旅途奔波使他感到厌烦。他的脑海中浮现出一幅幅的画面：匆匆走过站台、挤过人群，找到座位，然后很不舒服地坐漫长的 6 小时，奔波到一个陌生之地，入住酒店，并睡在一张不熟悉的床上。一想到这些，他的心头就涌上深深的厌倦；再想到他身处普罗旺斯，时时处处要去找寻书中的那种梦幻般的景物、声音和味道，而可能最终却不可得，这种失望是他痛恨的。他忽然意识到，难道他在想象中不是已经到过普罗旺斯了吗？为何还要去忍受现实可能无法匹配梦想的失望？这样大动干戈地出国旅游意义何在？作为一个陌生人，在民风保守的普罗旺斯，他或许永远也感受不到只在想象中才真切的那种温暖和多姿多彩，那么待在自己伦敦的公寓里岂不是更简单、更安全吗？想到这儿，乔治付了账单、登上公交车，回到自己位于伦敦南部的公寓，并发誓再也不离开家了。

仅一顿饭的时间，主人公乔治就否定并打消了他的梦想之旅，他的追梦历程不可能不谓之短，然而就他的个性而言，这种悲剧结局是不可避免的。乔治的多疑和悲观使他患得患失，终日满足于躲在公寓里，蜷曲在舒适的扶手椅中，沉浸于自我想象，却胆怯地不敢面对真实世界，更没有勇气直面现实的不完美。追梦时的短短 6 小时最终变成他无法忍受的漫长的 6 小时，他的梦想终止于他对那把温暖的扶手椅的深深依赖，于是他对这个世界唯一的好奇和神往也在最后一刻被扼杀，而从此彻底地烟消云散了。

笔者认为，作家通过对乔治复杂心理的刻画，揭示他最终命运的走向，生动且自然，合情合理，耐人寻味。联想现实社会中，多少人曾怀揣梦想，志向满满，但最终却因贪恋自己的“舒适区”，害怕挑战和失败，最终裹足不前而故步自封。在文学作品的教学中，引导学生品读作品，分析人物性格，并深入发掘作品的价值，对启发和拓展学生的思维，帮助他们构建一个积极向上的人生极其有价值。

参考文献

[1] 文秋芳. 新标准大学英语（第二版）综合教程 1 [M]. 北京：外语教学与研究出版社，2019.

菲尔丁小说中的司法批判*

吴　濛**

摘要：菲尔丁是18世纪英国最优秀的小说家，也是一位声名显赫的法官。作家的法律从业背景深刻地影响了其文学创作，本文拟从《汤姆·琼斯》中两次重要的审判情节入手，分析作家对司法现实的批判。

关键词：菲尔丁；审判；司法批判

菲尔丁的法律职业背景深刻地影响了其小说创作[1]，在菲尔丁最负盛名的长篇小说《汤姆·琼斯》中，他安排奥尔华绥先生主持了两次重要的审判。通过对这两次审判的描写，一方面，直接决定了小说的情节走向和人物命运；另一方面，审判的场景和过程也可以被视作当时英国社会司法现实的某种缩影。

1　巴特里奇之罪：无中生有

在《汤姆·琼斯》中，奥尔华绥先生主持的第一次审判，事关巴特里奇和珍妮的通奸。在这次庭审中，奥尔华绥先生先后听取了威尔根斯大娘和巴特里奇太太声泪俱下的控诉，感情的天平已有所倾斜。他警告巴特里奇不要撒谎搪塞，劝他坦白招认。巴特里奇只好请求找来珍妮对峙，不料珍妮早就跟一位军官远走高飞。奥尔华绥先生凭此断定珍妮轻浮，其证言也不足为信。尽管巴

---

* 本文为“北京工商大学2020年度青年教师科研启动基金”项目（编号：QNJJ2020－52）的成果；得到“科技创新服务能力建设——基本科研业务费”（编号：PXM2020_014213_000017）的资助。

** 吴濛，北京工商大学外国语学院讲师，主要研究方向为英国文学。

特里奇一再喊冤，奥尔华绥先生仍笃定案情缘由一清二楚，遂宣布取消巴特里奇先生的年金，嘱咐他从此辛勤劳作、真诚忏悔。

但是，奥尔华绥先生在这个案件里忽略了两个重要的变量，一是人证的可信度；二是人心的复杂性。威尔根斯大娘的控告是出于看热闹不嫌事大的信口开河，巴特里奇太太的哭诉是源自一个吃醋易妒的女人的捕风捉影，二者皆不足信，仔细回想二人的证词，都没有真凭实据，而是根据自己的臆测进行绘声绘色地添油加醋。更令奥尔华绥先生想不到的是，在此前他找珍妮谈话的时候，珍妮之所以对此事守口如瓶，既不承认也不否认，竟然是因为奥尔华绥先生的胞妹白丽洁小姐早就事先安排妥当，以财物相许，让珍妮做了“替罪羊”，以保全自己贞洁的名声。在这样滴水不漏的安排下，就是奥尔华绥先生这样的好法官也易受到误导，做出错判。

2 汤姆·琼斯之罪：断章取义

第二次错判导致奥尔华绥先生决心将汤姆·琼斯赶出天堂府。当时，魏斯顿乡绅控告琼斯勾引他的女儿苏菲亚小姐，布利非少爷趁机火上浇油，控告琼斯在奥尔华绥先生病重期间酗酒寻欢，纵情声色，被捉奸时恼羞成怒，大打出手。这一番话让奥尔华绥先生大惊失色，找来塾师屠瓦孔问个究竟。关键时刻，屠瓦孔先生将自己身上被琼斯打得青一块紫一块的伤痕一一展示，还顺势称赞布利非少爷心地善良，为了不惹奥尔华绥先生伤心，把琼斯的罪过隐瞒了下来。奥尔华绥先生一听，顿生恨铁不成钢之感。此时的琼斯面临双重罪名，外加人证、物证，有口难辩。一向温和敦厚的奥尔华绥先生忍不住大声数落起琼斯的罪过来，琼斯一见奥尔华绥失望透顶的样子，更是无心辩驳，默默承担起一切罪名。

在这次审判中，奥尔华绥先生重复了之前巴特里奇案的错误，一是盲目相信人证、物证；二是低估了小人之心。琼斯虽然犯下了酗酒、通奸的过错，但之所以大打出手，是因为布利非少爷辱骂琼斯出身低贱，所以审判时的人证、物证虽然齐全，却没有将事情的来龙去脉讲清楚。更令人感到可怕的是布利非少爷的苦心筹谋，他将琼斯的这段恶行隐瞒起来，表面上让奥尔华绥先生以为他宅心仁厚，其实却在寻找合适的机会，利用这件事情给琼斯致命一击。果然，在琼斯被指勾引苏菲亚的时候，布利非果断出手，使琼斯应接不暇，最终被逐出了天堂府。

菲尔丁设置了两次由奥尔华绥先生主持审判的情节，且都以“错判”收场，一次无中生有；一次断章取义。两次错判均导致当事人背井离乡，背负骂名，踏上了曲折离奇的人生旅程。讽刺的是，主审的法官却是小说中和太阳比肩的道德楷模[2]。菲尔丁暗示读者，即使像奥尔华绥这样毫无偏私之心的法官，也会被复杂的表象蒙蔽，做出误判，更何况当时英国社会贿赂成风、黑白不分的司法体系呢？这在菲尔丁的其他作品中也有反映，如《大伟人江奈生·魏尔德传》中，哈特弗利先生被魏尔德诬告入狱，妻离子散；《约瑟夫·安德鲁斯》中，治安推事借口约瑟夫割下了别人地里一棵榛树枝，就要将他关入牢房；《阿米莉亚》开篇中，思拉舍法官连判四桩案件，全是错判、误判。此外，菲尔丁笔下的许多律师为了当事人的诉求，挖空心思去钻法律的空子：制造虚假文书，收买他人做伪证，不一而足。狱长、看守为了蝇头小利，对有钱有权的罪犯奴颜婢膝，甚至主动为他们介绍辩护律师。至此，法官、律师、狱长、看守同流合污，组成了金钱至上的利益实体，将司法的尊严蚕食得一干二净。菲尔丁用辛辣的笔触刻画出 18 世纪英国司法体系的残酷图景，表达了对当时司法体系的深刻批判。

参考文献

[1] 杨海英．论《汤姆·琼斯》叙事结构与艺术风格中的法律理念［J］．外国文学研究，2016（6）：138．

[2] 黄梅．推敲“自我”：小说在 18 世纪的英国［M］．北京：生活·读书·新知三联书店，2003：248．

简析罗密欧与朱丽叶各自的矛盾

全凤霞*

摘要：在莎士比亚的悲剧《罗密欧与朱丽叶》中，罗密欧和朱丽叶是两个世代仇家的子弟，却要成为最亲密的爱人，他们的爱情之路注定凶险。在他们爱的追求中，各种矛盾层出不穷。全剧使用了很多矛盾修辞。本文将重点分析剧中的两处矛盾修辞，并透过矛盾修辞洞穿男女主人公的矛盾心理。

关键词：矛盾修辞；放逐

1　罗密欧的矛盾

在剧情一开始，故事的主人公罗密欧正受着单恋的折磨，他爱上了一个姿容绝代的美人，但没有得到意中人的欢心，于是忧愁满腹，心灰意懒，整日里长吁短叹。清晨，他独自徘徊于孤独幽暗的林中；当“尊严的太阳开始从东方的黄金窗探出头来”，他就逃避光明，一个人躲在黑暗的屋里，让黑暗陪伴着他阴沉的心。此时的罗密欧感觉到的爱情是“啊，吵吵闹闹的相爱，亲亲热热的怨恨！啊，无中生有的一切！啊，沉重的轻浮，严肃的狂妄，整齐的混乱，铅铸的羽毛，光明的烟雾，寒冷的火焰。憔悴的健康，永远觉醒的睡眠，否定的存在！”[1]处于单相思中的罗密欧，不断地发表着对爱情的慨叹[2]。

笔者认为，关于罗密欧的单恋情思的笔墨显得有些多余，跟罗密欧和朱丽叶之间的爱情悲剧故事并无太多关联，无非是莎士比亚想借罗密欧之口发表对

---

* 全凤霞，北京工商大学外国语学院副教授，主要研究方向为英美文学，主攻莎士比亚戏剧。

单恋的感怀和揭秘爱情固有的内在属性，所以罗密欧的这番爱情感叹并不带太多的发自内心的苦痛，这种所谓“苦涩的甜蜜、正确的错误，快乐的忧愁”式的感叹带着浓重的无病呻吟的意味，带有一定的程式性。

2 朱丽叶的矛盾

在凯普莱特家庭舞会上，朱丽叶与罗密欧一见钟情。朱丽叶年轻美貌，善良可人，维洛那城多少青年才俊都想把她“抢在手里”，可是朱丽叶瞧他们“比瞧一只蛤蟆还讨厌”。唯独罗密欧凭着他清雅圣洁的外表打动了她的芳心。罗密欧就像是一座富丽的宫殿，里面蕴藏着多少温文尔雅的礼仪和高贵的风流。罗密欧爱着朱丽叶的绝世温柔和媚人容貌。

美好的新婚之夜即将来临。朱丽叶呼唤着太阳神退位，让阴沉的暮夜赶快降临：“展开你密密的帷幕吧，成全恋爱的黑夜！”朱丽叶对黑夜满怀激情地呼唤：“来吧，温文的夜，你朴素的黑衣妇人，……用你黑色的罩巾遮住我脸上羞怯的红潮”；“来吧，黑夜！来吧，罗密欧！”“来吧，柔和的黑夜！来吧，可爱的黑颜的夜，把我的罗密欧给我！”

朱丽叶正沉浸在火一般爱的激情的等待中，激情地呼唤着爱的黑夜的降临，但突然传来了罗密欧刺死她表兄提伯尔特和罗密欧被放逐的消息。这突如其来的打击使朱丽叶火热的心被寒冰速冻了，火与冰交锋的瞬间爆发出令人痛彻心扉的绝望：“啊，花一样的面庞里藏着蛇一样的心！那一条恶龙曾经栖息在这样清雅的洞府里？美丽的暴君！天使般的恶魔！披着白鸽羽毛的乌鸦！豺狼一样残忍的羔羊！圣洁的外表包裹着丑恶的实质！一个万恶的圣人，一个庄严的奸徒！”朱丽叶这痛心疾首的语言里充满了矛盾修辞，感人而又真实，这种极端的矛盾充分表达了朱丽叶对永远失去亲表哥提伯尔特的悲痛和她对杀死表哥的凶手的本能的仇恨，也昭示了她看重手足亲情的美德和她可爱女孩的本性。提伯尔特是她舅舅的儿子，他们从小一起长大，情同手足，感情甚笃，却被自己刚刚结婚三个钟头的夫君杀死了。自己心中的罗密欧看上去是那么完美，却成了杀害自己表哥的凶手。提伯尔特死了，罗密欧放逐了；罗密欧杀了提伯尔特！一个是她最亲爱的表哥，一个是她更亲爱的夫君。她该为谁而悲痛？不，在那一刻她没有悲痛，更多的只有由温柔转化成的尖锐。以为你圣洁而又庄严，却原来奸恶又残暴。“你这恶人，你为什么要杀死我的哥哥？”“可怕的号角，宣布世界末日的来临吧!”朱丽叶的整个世界就要坍塌了。但智慧的朱丽叶很快感受到了一种强大的心理支撑：“他要是不杀死我的哥哥，我的凶恶的哥哥就会杀死我的丈夫。”“我的丈夫活着，他没有被提伯尔特杀死；提伯尔特死了，他想要杀死我的丈夫！这明明的喜讯，我为什么要哭泣呢”想到这儿，朱丽叶猛地擦干了悲愤的泪水，“回去吧，愚蠢的眼泪，流回到你的源头；你那滴滴的细流，本来是悲哀的倾注，可是你却错把它呈献给喜悦。”但很快罗密欧放逐的意蕴马上弥漫开来，就像夏日的狂风骤雨来临之前乌云突然从四面八方压过来让人感到似乎世界末日的来临一样，朱丽叶感到了无穷无际的死亡。她刚擦干的眼泪又喷涌而出；她绝望了：“我要去睡上我的新床，把我的童贞奉献给死亡!”

亲情，爱情，谁不想同时拥有？我们不禁为朱丽叶唏嘘，如此深重的生命之痛的确非一个十几岁的少女所能承受。“只恨解不开的世仇宿怨，这段山海深情向谁申诉？幽闺中锁住了桃花人面，要相见除非是梦魂来去。”但朱丽叶并没有就此沉沦，否则朱丽叶就不是朱丽叶了，“可是热情总会战胜辛艰，苦味中间才会有无限甘甜，”她要从死亡中醒来，她要为她的爱情故事写下永恒的传奇。

罗密欧和朱丽叶相互爱上了不该爱的人，注定要经受更多爱的考验；每当他们遇到逆境时，他们都情不自禁地使用矛盾修辞；特殊的境遇成就了特殊的语言。但相比之下，朱丽叶的矛盾比上面提及的罗密欧的矛盾更矛盾，更感人至深，更能激起我们的同情和怜悯[3]。

参考文献

[1] 莎士比亚. 莎士比亚全集：第1卷 [M]. 朱生豪，译. 北京：人民文学出版社，2010.
[2] 王湘云. 英语诗歌文体学研究 [M]. 济南：山东大学出版社，2010.
[3] 朱立元. 当代西方文艺理论 [M]. 上海：华东师范大学出版社，1997.

动人的灵魂风景画

——读艾米莉·狄金森的自然诗

王秀贞*

摘要： 艾米莉·狄金森把自己丰富的内心世界，用热情的笔触投射到大自然的花草虫鸟、江河湖海、风霜雨雪等人人可见的景物中。她的自然诗，意象独特、新颖，蕴含的情感细腻、丰富，文字运用灵动、活泼。正是这些特点，使她的诗不但能激发读者想象力，直击读者灵魂，还能引领读者体验她的内心感受。

关键词： 意象；奇特；情感；细腻；灵动

1 引 言

后世的研究者和读者通常会用这几个词来形容艾米莉·狄金森 eventless（平静无波）、quiet（安静度日）、secluded（清静避世）。的确，她的一生未婚未育，安静地“隐居”在自己的住所，养花种草、侍奉母亲。

她写诗并非以发表为目的，个人色彩明显，无拘无束，自由自在。虽然艾米莉·狄金森极少出门，活动范围有限，但是就在这有限的视域里，她写出了意象奇特、感情细腻、反应丰富内心图景的大量诗作，被亨利·詹姆斯称为“灵魂的风景图”[1]。她的诗以独特的意象激发人的想象力，更以细腻的情感

* 王秀贞，北京工商大学外国语学院讲师，主要研究方向为英美文学、英语教育。

直击人的灵魂。本文挑选她的几首自然小诗，分析她是如何不动声色感染人的。

2 独特的意象激发人的想象力

艾米莉·狄金森的自然诗，数量多、话题广，所用意象奇特、鲜明，常常唤起读者无限的想象力。例如，下面这几句：

To make a prairie it	要造就一片草原，
takes a clover and one bee,	需要苜蓿和蜜蜂，
one clover, and a bee,	一棵苜蓿、一只蜜蜂，
and revery.	还有白日梦。

闭上眼睛，想象一下，一株苜蓿，一只蜜蜂，那感觉，就如同现在的我们拍照时用的近景特写；草原在哪里？把镜头推远，往后看，脑海中就会出现无边的绿油油的大草原。多么新颖的意象！多么丰富的想象力！

3 细腻的情感直击人的灵魂

艾米莉·狄金森的世界，有时安静到无声无息，只剩自己和想象力；有时又感情汹涌、直抒胸臆；但更多的时候，是平静外表下藏着的浓情。

如果你是小溪，小溪爱慕着大海，你会怎么表达自己的情感呢？看艾米莉·狄金森是怎么抒发她的情意的：

My River runs to thee—	我的河流奔向你—
Blue Sea! Wilt welcome me?	蓝色的大海，会否对我置之不理？
My River wait reply—	我的河在等待谜底—
Oh Sea—look graciously—	啊，你—如此亲切有礼—
I´ll fetch thee Brooks—	我为你带来无数小溪—
From spotted nooks—	从各个角落山涧河堤—
Say—Sea—Take Me!	说啊—大海—说—我属于你！

这首自然诗感情热烈，直抒胸臆：我要奔向你！

那么，一堆燃烧过后的灰烬，又有什么可抒发的呢？艾米莉·狄金森就把它写成了诗，并且倾注了细腻的情感：

ASHES denote that fire was—	灰烬就是燃烧过的火—
Respect the grayest pile	尊重这最灰暗的一撮
For the departed creature's sake	为了那已离开的过客
That hovered there awhile—	至少曾在此盘旋片刻—

4 结 语

虽然视域不宽，但自然万物在艾米莉·狄金森笔下，无一不灵动有趣；她的诗歌让读者认识了一位“表面安静而内心却思潮澎湃”[2]的诗人，而这位诗人也因其独特的意象和直击人心的细腻情感为不少读者所喜爱。

参考文献

[1] 常耀信. 美国文学史［M］. 天津：南开大学出版社，1998.
[2] 李宜燮，常耀信. 美国文学选读［M］. 天津：南开大学出版社，2006.

文化、社会、商务类

回顾与思考：2010—2020年关于西班牙的社科类研究

闫　欣*

摘要：本文汇总并分析了2010—2020年收录于中国知网的核心期刊上的关于西班牙研究的中文社科期刊论文。总结出研究所属的学科分布、研究人员的学科背景及受国家社会科学基金的资助情况，以期为该领域的进一步研究提供参考。

关键词：西班牙；研究；回顾

本文以收录于中国知网的核心期刊上的有关西班牙研究的社科类中文论文为研究对象，分析了该研究的主要学科分布、研究人员的学科背景及受国家社科基金资助的情况。本文应用中国知网的筛选功能，以“西班牙”为搜索关键词，数据收集日期范围为2010—2020年，其他筛选条件为核心期刊、社科、中文，共得到搜索结果85篇期刊论文。经进一步筛选，筛除较少提及西班牙但将之作为主要研究对象的论文，最终得到有效结果为51篇。

在搜集的51篇期刊论文中，按研究所属学科划分，研究论文所属最多的学科是政党及群众组织（13%）；其次是国际政治（11%）。其他受关注的研究领域是体育（8%）、哲学（8%）、美术（8%）及国际法（6%）、经济（6%）、宗教（6%）、影视（6%）等。由此可以看出，发表于核心期刊的有关西班牙研究的论文总体匮乏，且所属的领域较为广泛分散（见图1）。

在属政党及群众组织学科的相关研究中，其研究对象主要为西班牙政党特

---

* 闫欣，北京工商大学外国语学院讲师，主要研究方向为应用语言学。

别是共产主义政党。具体研究方面包括西班牙共产主义政党组织社会主义的理论和实践、西班牙共产党与其他党派间的关系、西班牙社会主义工人党的意识形态转变等。在国际政治学科的相关研究中，涉及的主题主要包括欧盟与拉美关系；欧洲的分离主义，特别是在西班牙地区，如巴斯克地区和加泰罗尼亚地区出现的分离危机；西班牙加入欧盟后民主力量增加的过程等。在体育领域的相关研究中，最受关注的是西班牙的足球政策，如职业足球外援优惠政策及对体育特别是职业足球的治理机制，以期为我国提供借鉴和参考。哲学学科的研究对象则以中国经典哲学著作在西班牙的译介为主，如《论语》《道德经》，以及西班牙教士对儒学著作的译介。同时，涉及西班牙的世界历史研究也获得了研究者的关注，包括宗教（西班牙殖民时代菲律宾的华人天主教徒、西哥特王国教会）、考古（数字化技术在西班牙建筑遗产保护中的应用）、经济（中世纪西班牙犹太人的经济活动）、法律（国际法应用于国际关系策略）、卫生（西方学术界对1918年大流感起源地的研究）等研究主题。文学领域的研究涉及西班牙文学作品及中国古典诗歌的西班牙语译介。在国际法领域主要研究讨论了与西班牙有关的各种法律，涉及足球、数据保护、可再生能源等。

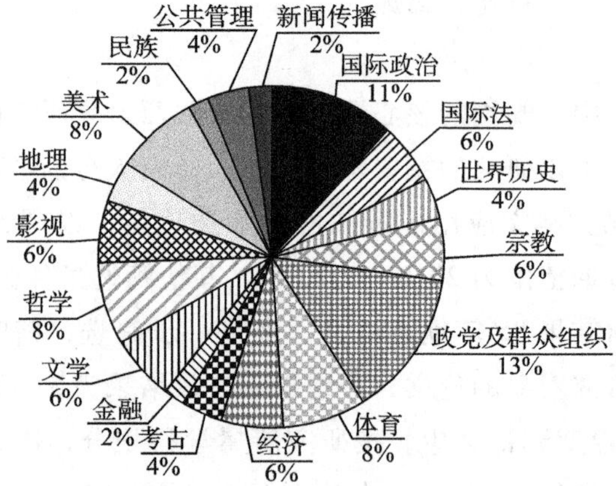

图1　研究学科划分

上述搜集的期刊论文作者仅有13%来自外国语学院或欧洲学院等其他属于外语学科的学院，大多数（约87%）来自非外语学科的学院，其中最多的学院为马克思主义学院、历史学院、艺术学院和体育学院等。由此可见，外语学科背景的研究者在核心期刊发表有关西班牙研究的占比较低，非外语学科的研究者是核心期刊该领域研究成果的主要作者。此外，上述研究论文中获得国家社科基金资助的有 15 篇，占总数的 29%。总体上，依托国家社科基金发表的研究成果比例较低。获得该基金资助的研究论文主要集中于国际法（20%）、公共管理（13%）、哲学（13%）和政党及群众组织（13%）等学科（见图 2）。

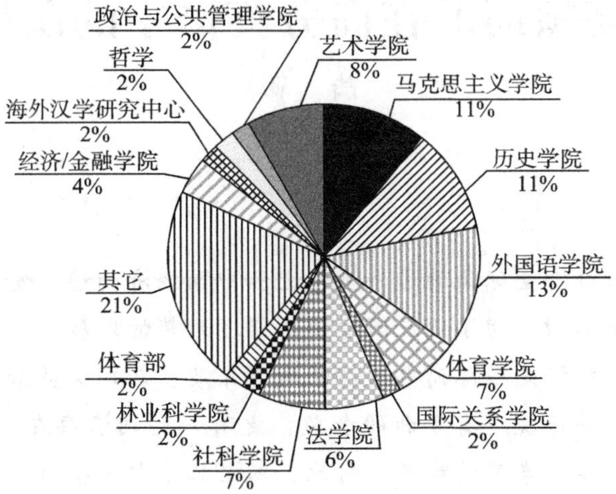

图 2　作者所属学院获得国家社科基金资助情况

从分析上述研究数据来看，研究对象及受国家社科基金资助的项目通常属可为中国提供借鉴经验的各个领域，尤其在政治和法律方面，以及与热点时政相关的问题。外语学科背景的研究者的主要研究对象集中于文学和哲学领域，包括文学作品研究和哲学著作的翻译、传播与接受等。这类研究者可进一步拓展关于西班牙的研究领域，发挥语言优势和整合社会资源，加强跨学科协作，在未来可进一步在"一带一路"框架下拓展研究对象国的其他方面，加强在文学和哲学学科以外的联合研究，亦可在同一主题下，多国比较研究方面发挥更大的作用。

高频词汇在商务英语中的汉译

陆　敏*

摘要：随着经济全球化的进一步推进和中国经济的稳步发展，国家对商务英语人才的需求倍增。为了适应国际国内经济形势的发展，学好商务英语势在必行。商务英语词汇是国际商务语境的沟通介质，其词义灵活多变。许多词汇在新的商务英语的语境下有了新的含义，更有一些词汇存在一词多义的现象，是商务英语专业学生学习的难点。对此，本文拟选取一些出现频率高的商务词汇进行具体分析，以期对商务英语词汇的精准把握提供一些思路。

关键词：商务英语；高频词汇；一词多义；翻译

词汇是语言的基石，是构成语言的基本单位。语言学家威尔金斯（Wilkins）曾言道："Without grammar very little can be conveyed; without vocabulary nothing can be conveyed."[1]（英语要想学得好，在一定程度上取决于词汇掌握量的多少。）商务英语亦然。商务英语词汇是国际商务语境的沟通介质，其词义灵活多变。许多词汇在新的商务英语的语境下有了新的含义，更有一些词汇存在一词多义的现象，是商务英语专业学生学习的难点。精准把握这些词汇在不同商务语境中的含义对商务英语学习者具有重要的现实意义。本文将以一些高频词汇为例，对此进行分析。

1　一词多义

一词多义是词汇的一个重要方面，它给已知词汇赋予了新的意义。如果说

* 陆敏，女，北京工商大学外国语学院讲师，主要研究方向为商务英语、英语教育。

增加新词汇意味着增加大脑的记忆负荷，那么赋予已知词汇新的意义既不会增加大脑记忆词汇的负担又满足了表达的需要，是学生扩大词汇的一种既经济又方便的途径。商务英语词汇亦如此。

现以 premium 举例如下：

The boom meant more and more customers were willing to pay extra for premium goods.（繁荣意味着越来越多的顾客愿意为优质商品支付更高的价格。）The insurance premium shall be borne by the seller.（保险费须由卖方承担。）又如：Freemium is a revenue model that works by offering a product or service free of charge while charging a premium for advanced features, or related products and services.（免费增值定价是免费提供产品或服务但对高级性能、功能或相关产品及服务收取高价的一种收益模型。）再如：The difference between the spot and the forward price is the forward premium or forward discount, generally considered in the form of a profit, or loss.（现货价与远期价之差即为远期升水或贴水。）同样用于金融衍生品，在下句中 The buyer pays a premium to the seller for the option.（买方需要就期权向卖方支付权利金/期权费。）

为了能够从上下文的语境中有效了解商务篇章的内容，学生需要在日常学习中架构背景知识的框架并积累类似的高频词汇。

2 名词动词化

名词动词化在商务英语中大量运用，体现了商务英语的一种文体特点。如果掌握不好会造成商务英语中文译文生硬、难懂、不到位，很难体现原文使用此文体特征的初衷。

这种用法在以下的示例中可见一斑。Last year he netted a cool ＄3 million by selling his holdings.（去年他通过出售自己持有的股份净赚了整整 300 万美元。）These products are being aggressively marketed to teenagers through television ads.（这些产品通过电视广告强势推销给青少年群体。）The startup company has recently secured a significant series of financing.（该初创公司最近获得了一笔重大的 A 轮融资。）

3 旧词新译

随着时代的发展，一些词汇在原有词义上衍生出新的译法。学习者也应多关注这类词汇的正确翻译，如：

Party A will consider Party B's proposal of exclusive agency.（甲方愿意考虑乙方独家代理的建议。）The State Administration for Market Regulation named only one specific form of anticompetitive conduct by Alibaba that it would look into: exclusive agreements, which in Chinese are described using a phrase that translates as "choose one of two."（国家市场监管总局仅提到了要对阿里巴巴进行立案调查的一种垄断行为：排他性协议，用中文来讲的话就是"二选一"。）又如：Catering has been franchised to a public company.（餐饮特许经营权已授予一家上市公司。）而今天 franchised store 更多的翻译为"加盟店"。

商务英语中还存在大量高频使用的缩略、古体语、外来语等。因篇幅所限，以上仅为沧海一粟。综上所述，在商务英语词汇的汉译过程中，词性转化、一词多义是极为普遍的现象。作为一项创造性劳动，译者应大量积累商务词汇，在汉译中灵活地运用翻译理论和技巧，并且紧跟时代发展，使译文符合汉语的语言规范，行文流畅通顺，有效传情达意。

参考文献

[1] DAVID W A. Linguistics in language teaching [D]. Cambridge: The MIT Press, 1972: 111.

浅析日剧《冷暖人间》为何深受观众喜爱

李香春*

摘要：《冷暖人间》是日本 TBS 电视台（Tokyo Broadcasting System Television）从 1990 年开始播出的长篇系列家庭连续剧。中央电视台引进之后，2008 年起在《海外剧场》陆续播出。自播出以来深受观众们喜爱，好评如潮。本文主要从编剧、剧情、演技三个方面分析该剧深受观众们喜爱的原因。

关键词：日剧；冷暖人间；喜爱；原因

《冷暖人间》是日本 TBS 播出的长篇系列家庭连续剧，日文原名是“渡る世間は鬼ばかり（渡行的世间有鬼）”。该剧原本是 TBS 在 1990 年播放的台庆剧，播出后引起巨大反响，于是决定系列化。自 1990 年开始播出至 2011 年完结，共推出了 10 部，每一部的长度都在 50 集左右，加上特别节目共有 511 集，堪称日剧经典之作。历经 21 年，该剧的收视率居高不下，始终保持在 20% 左右。在如此长的时间内，受到日本各个年龄段观众的喜爱，可谓日本家庭剧的王牌。中央电视台的《海外剧场》引进该剧之后，2008 年 1 月 3 日起陆续播出，播放时间都是晚上 10 点以后，却赢得很多观众的熬夜关注，收视喜人，好评如潮。该剧讲述的是一个平凡家庭琐碎而真实的生活故事，这样一部电视剧为何深受中国观众的喜爱？笔者主要从以下三个方面分析其原因。

1 国宝级的编剧

《冷暖人间》的编剧是日本知名作家桥田寿贺子。她在前后几十年的创作

---

* 李香春，北京工商大学外国语学院讲师，主要研究方向为日语语言文化、教学法。

生涯中，写下了数量惊人的电视剧剧本、小说及舞台剧剧本。根据她创作的剧本拍摄的电视剧代表作有《夫妇》《女太阁记》《大家族》《春日局》《血疑》（编剧之一）等，而最为中国观众熟悉的是创作于20世纪80年代初的《阿信》。1985年，这部剧在中国播出时，引发了巨大的反响，最高收视率达到80%。桥田寿贺子的剧本、剧情紧凑，情真意切，更重要的是，有时代背景，故事内容以及所表达出的励志、刻苦、勤劳等人类的传统美德。《冷暖人间》这部剧秉承了她一贯的写作风格，精彩而不拖沓，吸引了众多观众。这部剧的全名是《橋田寿賀子ドラマ渡る世間は鬼ばかり（桥田寿贺子连续剧：冷暖人间）》。一部剧在片名前挂上编剧的大名，这着实少见。桥田寿贺子用许多心血创作了这部有血、有肉、有温馨、有眼泪还带给观众许多感悟的家庭剧。在写作之初在人物上下了很大功夫，剧中每个人物形象都是性格鲜明、有血有肉，让剧中人物深入人心。有观众评价说："这是一部非常好的电视剧，编剧将日本普通老百姓的生活方式，家庭、社会和人之间的矛盾描写得很真实。而且冷酷中带着缕缕温情，带给观众对人生的反思。"

2 剧情简洁、紧凑

《冷暖人间》围绕一个平凡的普通家长冈仓大吉和他的五个女儿及五个女儿各自的家庭展开故事。该剧讲述的是最平凡的日本家庭的生活故事，琐碎而真实。通过冈仓家族每一位成员的遭遇，探讨考试、就业、出国、恋爱、结婚、生儿育女、离婚、婆媳姑嫂矛盾、老人看护、遗产等问题。讲的都是家长里短的事，很生活化，每个人、每个家庭的影子都让观众感觉似曾相识，好像就是观众身边发生的事情。此外，人物的心理活动非常真实，主人公的所思所想就是观众的想法，主人公的行为、动机恰好就是观众期望的那样。他们遇到的社会问题，观众会觉得自己也会遇到，所描述的都是一般家庭无可避免的问题，十分写实。这部剧很长，里面很多矛盾和冲突也随着时间的推移、社会的进步、生活方式的改变而消解，就像我们每个人的生活一样。剧中没有那么多激烈的冲突和矛盾，但看过之后能为观众解决生活中的难题，能够对自己现在的生活进行反思，会有很多的感悟，带给大家更多的勇气去面对现实，解决问题。

3 豪华的演员阵容，精湛的演技

《冷暖人间》豪华的演员阵容，众多明星客串演出，足以吊起观众的胃口。藤冈琢也、泉品子、角野桌造、赤木春惠、长山篮子、中田喜子、唐泽寿明、藤田朋子、森光子等，出演该剧的演员涵盖老中青三代，可以满足不同观众的需求。其中很多演员，与桥田寿贺子合作多年，情同家人，配合默契，凭借精湛的演技把剧中人物刻画得栩栩如生。观众深深被演员自然细腻的演技折服，每个角色那样真实自然，毫无距离感。此外，一帮小演员的精彩演绎，也为该剧增色不少。该剧播出期间，剧中演员基本没有换过人，我们看到的依然是第一部中的演员，看到他们20年间的变化，演员和角色跟着自己一起成长、变老，让观众感到亲切。时间长了，演员的演技，基本已经不觉得出他们是在演戏，而是感觉自己就是这个家里的一分子。

从叙事建构视角解读《经济学人》对中国的报道

王　静[*]　关　涛[**]

摘要：叙事学认为文本不仅建构事实，也建构认知。叙事建构是新闻报道的重要手段之一，而新闻报道又对读者产生较大影响，因此研究新闻中有关国家经济政治的报道对建构良好的国家形象至关重要。本文从叙事建构角度分析《经济学人》对中国经济的报道，揭示西方媒体如何通过叙事模式来构建中国形象，解读其中隐含的叙事霸权，提高读者的批判意识。

关键词：叙事建构；《经济学人》；叙事霸权

1　引　言

新闻报道应以客观公正为根本，但由于不同的文化背景、国家政治局势、媒体定位和编辑自身的不同立场，媒体在报道过程中，会选择性采用报道素材，构建其想要引导受众看到的“事实”。一般来说，叙事者会从众多事实中，选择性地使用其中一部分，然后根据自己的意图把其组织成完整的叙事文本[1]。长期以来，西方资本主义一直认为，其制度优于中国特色社会主义制度，任由西方媒体报道，对中国的建设和发展恶意抹黑，对中国的国际形象和

* 王静，北京工商大学外国语学院翻译硕士研究生。

** 关涛，北京工商大学外国语学院副教授，硕士生导师，主要研究方向为比较文学与英美文学批评。

地位带来负面影响，体现了西方媒体的叙事霸权。近年来，随着中国综合实力大幅度提高，经济发展迅速，国际地位稳健上升，虽然西方媒体对中国的报道方式逐渐从恶意转向全面和立体，不再一味地强调对立，但仍经常存在消极和唱衰报道。例如，作为全球发行的《经济学人》杂志经常会发表一些批评中国政府干预市场而导致不公平竞争的报道[2]，抨击社会主义政治、经济制度，宣扬“中国威胁论”，以此来引导读者对中国产生反感，如华为在美发展被引导为对美国经济和人民生活的威胁；同时他们还制造“中国崩溃论”，向世界人民虚假传播中国股票市场和中国经济的疲软。这类负面报道在很大程度上，影响了世界对中国的认知。本文从叙事建构角度，以《经济学人》2020 年 12 月 17 日刊一篇对新冠肺炎疫情防控下，中国经济增长情况的报道为例，分析其在叙事建构中的霸权意识。

2 主要理论

蒙娜·贝克教授在《翻译与冲突：叙事学性阐述》中认为，任何文本本质上都是作者带着自己本身的思想意识和其特有的叙事方式来进行的叙事，作者按照一定顺序将语言组织起来，传达自身的思想与意识[3]。叙事建构主要有三种策略，分别为文本素材的选择采用、时空建构和标示建构。

文本素材的选择性采用主要是指叙事者以自己的意图选择事实的某部分，通过省略和添加等方式向受众呈现叙事者想要受众知道的事件[3]，运用压制、突出或阐释原文中隐含的叙事方式或换在另一个层面来进行叙事；时空建构是叙事者将不同事件按照一定的时间顺序将它们组织起来，将其置于另一个时空语境中，使该文本的叙事更加凸显；标示性建构是指叙事者通过不同的词汇、用语和短语来识别人物、地点、群体、事件及其他一些关键因素，以达到重新建构叙述内容的目的。这三种叙事建构形式在新闻报道中，发挥着重要作用。贝克认为阅读和翻译不应该过度关注语言层面的对等，而应该将注意力转向叙事背后的政治意识形态，为新闻阅读和翻译提供了新视角。

3 实例分析

以 *The Real Deal* 这篇报道为例，讨论《经济学人》杂志通过对事实的选择性采用、时空建构和标示性建构的叙事模式所传达出来的霸权意识。

3.1 选择性采用

贝克认为，由于叙事目的不同，叙事者在阐述过程中，会选择性地呈现或强化一些元素或者忽略或弱化其他一些元素[3]。叙事者会根据自己的叙事意图省略和添加叙事元素，建构想要受众看到的“事实”。

例 1：Doubts about China’s data are not new：it is probably fair to say that few serious economists trust its exact growth figures. Instead，there are two broad camps. One thinks that official data are overly smooth，but that the general picture is not all that misleading，because the government sometimes exaggerates GDP and at other times lowballs it. The second camp sees one-sided manipulation，with China’s boffins consistently inflating the size of the economy. The new research comes from both camps. [4]

翻译为：对中国经济数据的怀疑并非新鲜事：几乎可以肯定地说，很少有严肃的经济学家相信中国的确切增长数据。相反，有两大阵营。第一种观点认为官方数据过于平稳，但总体情况并不那么具有误导性，因为政府有时会夸大 GDP，有时会压低 GDP；第二种观点认为中国的研究人员不断夸大经济规模，是片面操纵。这项新研究就是来自以上两种观点。

这段文字只报道了对中国经济增长数据有质疑的两种说法，并且表示几乎没有严肃的经济学家相信中国的增长数据，而对中国经济增长数据无质疑的说法根本没有提及，使本来应为客观的报道带有主观偏见，由此可见，《经济学人》在此篇报道中，通过选择性的叙事模式错误地引导读者对中国的认知。

3.2 时空建构

此篇报道叙事也存在时空建构。此处的时空建构是指按照新闻叙事者认为“正确的”顺序来叙述事件。

例 2：No sophisticated analysis is needed to show that China is in better economic shape than most other countries these days. Just look at its bustling shopping malls，its jammed roads in rush hour and its mobbed tourist sites during holidays. But if the crowd scenes suffice to affirm that China is doing well，a little more work is needed to address the question：exactly how well? As is often the case with Chinese data, the answer is controversial[4].

翻译为：不需要复杂的分析就可以证明，中国现在的经济状况比大多数其他国家都好。只要看看熙熙攘攘的购物中心，高峰时段拥堵的道路，节假日期间人山人海的旅游景点就知道了。但是，如果拥挤的场面足以证明中国经济表现良好，那么还需要做一些工作来解决这个问题：到底有多好？正如中国数据经常出现的情况一样，答案也是有争议的。

人们本身对时空有默认认知，叙事顺序对读者认知有框架作用，因此词汇的排列顺序也是叙事建构的一种手段，会影响读者的解读。上述文字开头虽然表示中国目前的经济状况比大多数其他国家要好，但用 But 表示“转折”，告诉读者叙事的重点在后面，以此叙事模式来引导读者做出符合叙事者所期待的解读，即质疑中国的经济是否与中国的数据所表达的一致。

3.3 标示性建构

在新闻报道中，叙事者常使用标题构建来实现标示性建构。

例 3：China's reported growth has long been far too smooth. Can figures showing a strong rebound be trusted[4]?

这是此篇报道的副标题，翻译为：“长期以来，中国公布的经济增长一直过于平稳。显示强劲反弹的数据可信吗？”这种先入为主的疑问式标题是一种嵌入式假设，会极大地误导读者对中国经济发展的真实性产生怀疑。这种标示性建构的叙事模式，无疑会传递给读者一种负面信息，抹黑中国形象。

4 结 语

叙事建构在新闻报道中极为重要，选择不同的题材、说法或用词，对事实进行不同的时空建构或者对标题进行标示性建构都会导致读者对事实本身产生不一样的理解。外国媒体应遵循真实、客观、公正、全面的原则进行报道。在阅读和翻译外国媒体对中国的报道时，我们应该增强自身的思辨能力，对其新闻叙事中隐藏的霸权主义保持警醒和批判意识。

参考文献

[1] 许宏．外宣翻译：叙事学对译者操作的启示［J］．解放军外国语学院学报，2018，41

(3)：123－130.

［2］吴献举．经济全球化背景下国家形象跨文化传播的路径选择［J］．中国出版，2019(12)：3－7.

［3］MONA B. Translation and conflict：A narrative account［M］．London：Routledge，2006.

［4］MONA B. Reframing conflict in translation［J］．Social semiotics，2007（2）：151－169.

涩泽荣一对日本近代工商业的影响

侯丽颖*

摘要：涩泽荣一出生在日本由封建社会向近代资本主义社会转变的重大历史时期。涩泽荣一工商业经营理念的形成与其家庭成长环境和特殊的人生经历密切相关，他重视商业教育和人才的培养，极力传播工商业理念，为日本近代工商业的发展起到了重要作用。

关键词：涩泽荣一；工商业；股份制

1 特殊的人生经历

1.1 家庭成长环境

涩泽荣一，1840 年出生在武藏国血洗岛村（今埼玉县）的一个富裕家庭，家族是允许称姓佩刀的当地名门，父亲从事染料制作、销售、养蚕、经营当铺等多门生意。他从小就跟父亲学会了打“算盘”，并以《三字经》作为启蒙教育，少年时期跟随堂兄到邻村私塾学习“四书”“五经”，兼以练习剑道和书法[1]。商人家庭的熏陶使涩泽荣一熟悉传统商业制度和文化，而良好的儒学典籍教育奠定了他的《〈论语〉和算盘说》及商业伦理道德的基础。

1.2 青年时期的经历

1853 年美国佩里将军登陆日本后，日本政局发生了剧变，“尊王攘夷”运

* 侯丽颖，北京工商大学外国语学院讲师，主要研究方向为日语教育、日本文化。

动甚嚣其上，正值青年的涩泽荣一也积极投身到这场斗争中。1867 年，涩泽荣一作为幕府的“财务担当”，陪同德川庆喜的弟弟赴巴黎参加万国博览会。在游历欧洲的两年里，他详细考察了各国工业发展和经济制度，参观了大量工厂，深受工业文明的洗礼。他请教经济专家，认真学习银行、股份公司及公债等近代经济知识，对股份公司制度在近代经济生活和工业化进程中发挥的巨大作用有了较为深刻的理解，为后来从事工商活动和推广股份公司制度打下了基础。

在欧洲的所见所闻使涩泽荣一成为大胆学习西方工业文明的人士。他感受到日本与西方列强间的巨大差距，惊异于西方社会商人和政府官员的平等地位。欧洲的产业革命和近代的经济制度也给他留下了深刻印象，逐步积累的商业和金融知识也为他日后致力于推进日本近代化打下了一定的基础。

2 官场的历练

从欧洲回国后的涩泽荣一受明治政府邀请，出任大藏省租税正官一职。在四年的时间里，涩泽荣一创建了日本第一家股份制银行，推动股份制在日本生根发芽。他成功说服了华族和社会各界的支持，建立“日本第一国立银行”，这是日本第一家现代银行；他推动设立并亲自经营商法会所，成立日本第一家股份公司——静冈商法会所，这是日本“股份制组织的开端”。正是在涩泽荣一的说服与带领下，与封建生产关系有着千丝万缕联系的官商和食利者逐渐转化为近代社会的资本家、企业家。同时，在涩泽荣一的亲力亲为下，日本工商界结成了银行协会、商工会议所、股票交易所等业界联盟，制定并公开发表相关政策诉求等。

3 重视商业教育和人才培养

涩泽荣一虽然不是正式执教的教师，但一直坚守在商业教育最前沿，为提高商业教育质量辛勤工作。他是伟大的教育者，是商业教育的先驱。他亲自参与、辅佐创建商业学校，重视培养企业所需的社会基础人才，同时也重视女性的职业教育，主张培养女性的商业职业技能。

4 工商业理念的传播者

涩泽荣一努力改变商人社会地位低下的现状，为此不惜辞官。他深切地感受到商人：“旧来的卑屈风习尚未肃清，他们在官员面前只知屈身低首，毕恭毕敬；既没学识，又没气度，对采用新方法、改良旧事物之类。慨叹之余，他带头辞去官职，奋全力谋求实现工商业发达的愿望。”福泽谕吉对涩泽荣一的辞官行为大加褒扬，认为“涩泽荣一荣耀日本社会”。

涩泽荣一把儒家重视伦理道德的思想与西方制度结合起来，形成《〈论语〉和算盘说》，奠定了近代日本经济发展的基本路径和价值取向。松下幸之助、稻盛和夫等的企业经营哲学无一不是建立在涩泽荣一的商业伦理道德之上。明治时代的文学家幸田露伴评价说“商人自古以来就存在……而像涩泽荣一这样，为增进国家和民众的福利而从事经营的人物，以前几乎没有过”，并高度赞誉“涩泽荣一是作为推动国家飞跃发展的一个重要因素和重要动力而存在的”。他是日本明治时代伟大的奠基者之一。

涩泽荣一对后世影响深远，日本新闻媒体从未间断过与他有关的报道。在日本国内外经常举办关于他的讲座，我国华中师范大学还设有“涩泽荣一研究中心”。海内外不少学者相继著书评传，涉及思想史、经营史、经济史等多个领域。

参考文献

[1] 幸田露伴．涩泽荣一传［M］．余炳跃，译．上海：上海社会科学院出版社，2016.

信息时代，打造商务英语 ACCA 相融合“多面手”的可行性及优势

吴俊怡* 刘明宇**

摘要：信息时代，幂律化、波动化、复杂化不断凸显，如何成为幂律化下的头部，复合型人才——“多面手”优势不断凸显。而商务英语的跨界组合不仅符合时代发展的人才培养规律，并且具有极大可行性及优势。

关键词：信息时代；商务英语；ACCA；可行性；优势

1 概 述

斯科特·亚当斯分享过一个有趣的观点，成为头部有两种选择，第一，把一个技能练到前 10%，难度较大；第二，把两个技能练到前 50%，然后把他们合起来，第二个相比第一个容易得多。在工业时代，专业为王，信息时代全科制霸。而商务英语与特许公认会计师公会（The Association of Chartered Certified Accountants，ACCA）的跨界组合不仅符合时代发展的人才培养规律，并且具有极大可行性及发展优势。

2 商务英语专业

自 2011 年教育部批准商务英语专业以来，该专业发展迅速，现在全国开

---

* 吴俊怡，北京工商大学外国语学院本科学生，商务英语专业。

** 刘明宇，北京工商大学外国语学院讲师。

设院校达400余所，目前已为国家培养了相当一批服务经济建设的语言人才[1]。该专业成立的目的在于响应市场需求，打破外语专业传统的纯语言与纯文学“单一”模式，谋求从单一走向复合，从封闭走向融通，完美切合打造复合型人才——“多面手”的要求。

2.1 ACCA

ACCA，即英国皇家公认特许会计师，从1904年开始为全世界培养了二十多万名国际性会计师。学员完成前三门考试能获取商业会计证书，考取前九门考试能获取高级商业会计证书，考完十三门考试能取得ACCA会员资格[2]。该证书突出技能学习，考取梯度性较好的。

2.2 可行性及优势

ACCA证书的考取虽然给定较长的时间，但是这些科目也存在较强的联系，因此集中时间一鼓作气地学习与测试是十分关键的，而商务英语专业学生的培养方案与课程时间安排给同学们考取证书提供了极大的专业与时间保障[3]。

首先，ACCA教材及测试均为全英模式，并且包括极多会计与商业方面的专业词汇，尤其是专业阶段的学习与测试阅读量极大，需要非常强的文本阅读能力与技巧，相较于非英语专业学生，英语专业学生在语言这方面占据一定优势，英语专业学生较擅长单词的背诵与积累，并且在专业课程的学习中本就已经学习了一些会计与商务方面的知识，以具体科目为例：

ACCA考试科目AB：科目本身偏重基础商业知识，目的是让考生对商业环境有宏观的认识和印象，偏重理论，如代理理论等，不涉及计算。因此，在理解的基础上，加以背诵是通过考试的关键和可行方法。而商务英语学生本身对文字较敏感，擅长理解和背诵文字性、理论性的知识，并且AB科目的知识是商务英语专业学生学习的会计与商务方面的知识，因此更加便于理解。

ACCA考试科目LW：科目是对于纯文字和纯理论的考核，不涉及计算，而且所涉及的法律知识较浅显，仅需结合案例来记忆知识点。学习LW科目的前提是背诵，英语专业学生擅长背诵，因此在LW科目的学习方面，优势十分明显。

3 结 语

商务英语是时代发展的需求。在当今信息时代，需要对语言知识及时细分归类，而细分归类又必然会形成相关学科新的交叉，打造商务英语与 ACCA 相融合的“多面手”的可行性及优势十分明显[4]。

参考文献

[1] FEINBERG A. Technical systems and social construction [M]. Cambridge: Harvard University Press, 2017.

[2] COOPER. Language planning and social change [M]. Cambridge: Cambridge University Press, 1990.

[3] 陈春风. 独立学院商务英语专业跨境电商方向设置可行性研究 [J]. 黑河学院学报, 2018 (4): 124 - 125.

[4] 程华明. 广东省独立学院英语专业方向设置研究 [J]. 长春大学学报, 2011 (12): 139 - 141, 147.

商务英语写作原则简析

孔海龙* 贾晓洁** 张雪敏***

摘要：本文探讨了商务英语写作的六大原则：准确性、清楚性、简洁性、具体性、完整性和礼貌性。商务英语写作只有遵循上述六个原则，才能清晰明了地传递写作的真实目的，达到其真正意义上的沟通功能，最终使国际商务沟通更加顺畅[1]。

关键词：商务英语；写作；六原则

作为一种专门用途英语形式的商务英语不同于通用英语的一个重要标志在于商务英语写作遵循其自身特有的原则。本文旨在探讨商务英语写作的六大原则，以期为商务英语专业学生准确把握商务英语写作提供一定的借鉴[1]。

1 准确性原则

这里所说的准确性原则包括宏观和微观两个层面：从宏观层面讲，商务英语写作应该使用准确恰当的语言风格和措辞。例如，在写作中，应使用正式文体的写作，可以参考年度报告和正式会议记录报告的写法，避免使用备忘录和电子邮件文体格式的写法。从微观层面讲，正式文体和语气的商务英语写作应该使用完整的书写形式（如 it is，can not 等）而避免使用缩略形式（如 it's，can't 等）。同时，还要注意在称谓上，尽量以职务或工作称谓来指代人名而非

* 孔海龙，北京工商大学外国语学院副教授，主要研究方向为商务英语翻译、叙事理论与英美文学。

** 贾晓洁，北京工商大学外国语学院硕士研究生，研究方向为商务翻译。

*** 张雪敏，北京工商大学外国语学院硕士研究生，研究方向为商务翻译。

直呼其名。要尽量使用无特定身份的人称代词，避免使用第一人称单数主宾格形式。最后，准确性原则还要注意使用准确、简单的常用词汇，避免使用生僻、复杂的疑难词汇。

2 清楚性原则

这一原则是对写作在谋篇布局层面的要求。学生需把握常见的写作逻辑布局方法：因果逻辑、时间逻辑、顺序逻辑、比较逻辑、演绎逻辑（从一般到特殊）以及归纳逻辑（从特殊到一般）。我们需要合理架构句群与段落，尽量使用丰富的句型句式，避免使用过多的简单句式。请看下例：

例句 1. Marshall Corporation was founded forty years ago, and it now has branch offices in four states, and it employs nearly 400 individuals.

翻译为：马歇尔企业始创于 40 年前，现在四个州有分部，现有员工接近 400 人之多。

该句过多使用简单句，给人造成一种句式单一乏味的感觉，因此不能给目标读者留下深刻印象。我们可以使用 with 复合结构，而且用代词指代前文所提内容，这样结构一目了然，修改后的句子如下：

修改后的例句 1. Marshall Corporation was founded forty years ago. With branch offices in four states, it now employs nearly 400 individuals.

翻译为：马歇尔公司成立于 40 年前，现在四个省份有分支机构，员工人数接近 400。

此外，清楚性原则还要求将句子关系紧密的词尽量靠近、避免在同一句子中，使用意义不同的同一个词。

3 简洁性原则

这一原则体现在如下三个方面：第一，尽量使用简洁的语言，能用 please（请）就不要用 will you be good enough to（您可以）；第二，尽量少用陈词滥调，如 due to the fact that（由于这一事实），there is no denying the fact that（这一事实毫无疑问）两个结构；第三，避免冗长的表达方式和不必要的重复，如 The car would not start（这辆车发动不了）本身已经构成问题，如果再说

The problem was that the car would not start（问题在于这辆车发动不了）就显得画蛇添足了。

4 具体性原则

这一原则体现在如下两个方面：一是要尽可能地提供具体、明确的信息。

例句 2. These brakes can stop a car within a short distance.

翻译为：这些刹车可在段距离内刹住车子。

这一例句中没有指明商品的品牌，也没有具体说在多短的距离内奏效，因此我们需要添加一些具体的、明确的信息。

修改后的例句 2. These Goodson power brakes can stop a 2 – ton car within 24 feet.

翻译为：这些古德森动力发动机在 24 英尺内能够刹住一辆重达两吨的小车。

第二个方面是尽量使用具体词汇，如我们笼统地表述“利润增长”这一概念可用 a gain on profits，但这一表达不够具体，不妨直接说出增长的数量，如 a 25 percent hike in profits（利润增长了 25%）。

5 完整性原则

这一原则主要体现在写作完成后的自我审查阶段，我们需要自查商务写作中所包含的六个要素：谁（Who）？什么（What）？什么时候（When）？在哪里（Where）？为什么（Why）？怎么样（How）？

6 礼貌性原则

这一原则主要体现在使用礼貌友好的词汇，如我们常常挂在嘴边的 thank you，please 就可以派上用场。更为重要的是我们在写作中，可以尝试采用体谅对方的第二人称写作态度。这样就更能体现礼貌性原则，请比较下面两句话的效果：

例句 3. To reduce our costs，we are changing the billing system.

翻译为：为减少成本，我们正在调整付账系统。

上例中体现了以我为中心的写作态度，让目标读者感觉到是从我们的利益出发。如果下面的写作态度，效果则大不一样。

修改后的例句 3. To provide you with clear records， we are changing our billing system.

翻译为：马歇尔企业始创于 40 年前，现在四个州有分部，现有员工接近 400 人之多。

当然，礼貌性原则还体现为措辞得体，避免采用消极性的词汇或句型，避免有失礼貌的措辞，还要注意避免使用有性别歧视之嫌的词汇。

以上为我们在商务英语写作中常遇到的六个原则，我们首先要意识到这些原则的存在和重要性，进而慢慢领悟，具体细化到自己的商务英语写作过程中去，最终达到全面提升自身商务沟通能力的目的。

参考文献

［1］陈莉，叶长彬. 商务英语写作原则下的信函词汇特征研究［J］. 安徽文学，2018（2）：85－86.